생각대로 살지 않으면
사는 대로 생각하게 된다

55만 부 기념 스페셜 에디션

생각대로 살지 않으면
사는 대로 생각하게 된다

은지성 지음

Il faut vivre comme on pense,
sans quio l'on finira par penser
comme on a vécu

모든 존재는 생각의 결과다.
인간의 일생은 그 인간이 생각한 대로 된다.

황소북스

인간의 일생은 그 인간이 생각한 대로 된다.

아우렐리우스

생각하는 것은 쉬운 일이다. 행동하는 것은 어려운 일이다.
생각한 대로 행동하는 것은 더욱 어려운 일이다.

괴테

머릿속으로 자신이 바라는 것을 생생하게 그리면
온몸의 세포가 모두 그 목적을 달성하는 방향으로 조절된다.

아리스토텔레스

모든 존재는 생각의 결과다.
우리는 우리가 생각한 대로 된다.

부처

가능하다고 생각하든 불가능하다고
생각하든 자신의 생각이 옳다.

헨리 포드

자네가 무언가를 간절히 원할 때
온 우주는 자네의 소망이 실현되도록 도와준다네.

파울로 코엘료, 《연금술사》 중에서

삶은 소유물이 아니라 순간순간의 있음이다.

법정 스님

사람에게 소중한 것은 이 세상에서 몇 년을 살았느냐가 아니다.
이 세상에서 얼마만큼 가치 있는 일을 하느냐 하는 것이다.

오 헨리

생각을 바꾸면 행동이 바뀌고,
행동을 바꾸면 습관이 바뀌고,
습관을 바꾸면 인격이 바뀌고,
인격을 바꾸면 운명이 바뀐다.

새뮤얼 스마일스

인간의 일생은 그 인간이 생각한 대로 된다

저자의 글

나의 20대를 안도현 시인의 "연탄재 함부로 차지 마라"로 시작되는 〈너에게 묻는다〉가 지배했다면 30~40대는 "생각 대로 살지 않으면 사는 대로 생각하게 된다"가 지배하고 있다. 무슨 일을 시작하거나 중요한 선택을 하려고 할 때 항상 이 문구를 먼저 생각했다. 그리고 내 마음과 직관이 명령하는 대로 따르려고 노력했다. 그건 지금도 마찬가지다. 위의 인용구는 말하자면 내 좌우명 같은 것이다.

이 인용구는 "바람이 분다. 바람이 분다. 살아야겠다"라는 유명한 구절이 나오는 〈해변의 묘지〉를 쓴 프랑스 시인 폴 발레리가 한 말이다. 원어로는 "Il faut vivre comme on pense, sans quoi l'n finira par penser comme onavécu"인데 해석하는 사람마다 조금씩 다르다.

이 책은 자기계발서의 모습을 하고 있지만 여러 사람의 감동적인 인생 이야기가 담겨 있는 인생론으로 읽어주었으면 좋겠다. 이 책에 등장하는 사람은 역경과 고난을 이겨내고 자신만의 성공을 일군 인물들이다. 성공이라는 단어가 요즘은 돈을 많이 모아 엄청난 부자가 되거나 유명한 사람이 된다는 의미로 쓰이지만 원래는 '목적하는 바를 이룸'이라는 뜻이다.

꿈을 이루기 위해 목표와 계획을 세우고 자신의 생각대로 걸어간 이들의 이야기가 이 책 속에 있다. 길을 가다 내 길이 아님을 알고 인생 항로를 바꾼 사람도 있고, 자신의 길을 묵묵히 걷다 온갖 고난과 역경을 딛고 마침내 꿈을 이룬 사람도 있다. 처음부터 금수저를 물고 태어난 사람들의 이야기가 아닌 것이다.

　이 책을 읽다 보면 여러 번 눈물을 훔치게 될 것이다. 역경을 딛고 일어난 사람들의 이야기에는 눈물과 감동이 있기 마련이다. 그리고 이 책 속에서 자신만의 롤 모델이나 멘토로 삼을 만한 사람을 만날 수도 있다. 단 한 명이라도 좋으니 꼭 만났으면 좋겠다는 것이 나의 바람이다. 그들의 삶을 따라가다 보면 어느새 여러분의 인생도 조금씩 보이기 시작할 것이다. 이 순간을 놓치지 말고 조용히 자신의 삶을 되돌아볼 수 있는 시간을 마련해보기를 권한다.

　이 책을 출간한 지도 어언 10년이 흘렀다. 이를 기념하기 위해 이번에 개정 합본호를 출간하게 되어 감회가 새롭다. 그동안 이 책을 사랑해주신 독자분들과 이런 뜻깊은 출간을 해주신 출판사 분들에게 감사의 말을 전한다.

미래를 알 수 없다면 스스로 그 미래를 만드는 게 가장 빠른 방법이다. 부디 이 책이 독자 여러분의 인생길에 심심치 않을 동반자가 되었으면 좋겠다. 주위에서 뭐라고 해도 뜻을 굽히지 않고 자신의 꿈과 희망을 찾아갈 수 있는 작은 지침서가 되었으면 좋겠다.

여러분의 인생이 빛나기를

은지성

목차

1부

모든 것은 자신의 신념에서 시작된다

Il faut vivre comme on pense,
sans quoi l'on finira par penser
comme on a vécu

자신의 의지와 생각대로
남을 돕는 손이 되어라

1929년 벨기에 브뤼셀의 한 병원.

아기를 업은 한 여인이 헐레벌떡 들어왔다.

"우리 딸이 며칠 전부터 심하게 기침을 합니다."

생후 3개월이 된 갓난아기였다. 눈도 제대로 뜨지 못하고 마른기침을 뱉어내는 아기는 한눈에 봐도 병색이 역력했다. 숙직 의사는 청진기로 이리저리 아기의 몸 상태를 체크했다.

"단순한 감기가 아닙니다. 백일해입니다."

"백일해요? 안 좋은 병인가요?"

"연령이 낮을수록 위험한 병입니다. 기관지 폐렴이나 폐에 공기가 들어가지 못하는 상태인 무기폐 등으로 이어질 수도 있고요. 이 아기는 조금 심각한 상태입니다."

의사의 말에 아기 엄마는 그 자리에서 주저앉고 말았다.

"선생님, 꼭 좀 살려주세요. 무슨 일이든 할 테니 제 아기만은 꼭 살려주세요."

다행히도 아기는 의사와 엄마의 극진한 보살핌 덕분에 극적으로 살아났다. 하지만 걸음마도 떼기 전에 죽음의 문턱까지 갔던 아기의 비극은 여기에서 끝나지 않았다. 아기가 건강하게 자라 열 살이 되었을 때 부모가 이혼하게 된 것이다. 나치의 추종자였던 아버지는 가족을 떠났고 아이는 할아버지 손에 맡겨졌다.

아이는 이때부터 오드리 헵번이라는 이름을 쓰게 되었다.

"난 발레리나가 될 거야."

오드리 헵번은 발레를 좋아하는 꿈 많은 소녀로 무럭무럭 자라났다. 하지만 170센티미터에 달하는 큰 키가 문제였다. 신체적인 조건으로 발레리나는 이룰 수 없는 꿈이 되었지만, 무대에 서고 싶다는 그녀의 욕망은 멈출 수가 없었다.

헵번은 짐을 꾸려 영국으로 건너갔다. 연극과 영화에 출연하며 자신의 꿈을 향해 한 걸음씩 걸어갈 즈음 우연히 브로드웨이 연극 〈지지〉에 캐스팅이 되었다. 이 작품을 계기로 〈로마의 휴일〉에 출연할 수 있었다. 오드리 헵번의 데뷔작 〈로마의 휴일〉은 그녀를 일약 은막의 여왕으로 부상시켰다. 특히 '공주님의 사랑'이라는 동화 같은 주제가 로마를 무대로 펼쳐지면서 숱한 여성의 가슴을 설레게 했다.

공주 역을 맡았던 오드리 헵번과 신문기자 역의 그레고리 팩은 외모뿐만 아니라 뛰어난 연기력으로 호평을 받았다. 이 작품으로 그녀는 소위 '헵번 스타일'이라는 쇼트커트 머리 모양을 유행시키기도 했다. 이 영화는 운도 좋았다. 영국 왕실의 유명한 로맨스인 마거릿 공주와 타운젠드 대령의 비련이 이슈가 되고 있을 때 공개되어 화제가 되기도 했다. 특히 소원의 벽에서의 장면은 지금도 영화사에 길이 남을 명장면으로 꼽힌다.

이 작품으로 사람들의 시선을 사로잡은 그녀는 제7회 영국아카데미 여우주연상, 제26회 미국아카데미와 제19회 뉴욕비평가협회상에서 여우주연상을 받으며 스타덤에 올랐다. 그 후 〈사브리나〉, 〈전쟁과 평화〉, 〈티파니에서 아침을〉, 〈마이 페어 레이디〉, 〈언제나 둘이서〉, 〈백만 달러의 사

랑〉 등의 영화에 출연했다. 1989년에는 스티븐 스필버그가
메가폰을 잡은 영화 〈영혼은 그대 곁에〉에 우정 출연으로
등장해 노익장을 과시하기도 했다. 이 영화는 오드리 헵번
의 공식적인 마지막 작품이었다.

그리고 그녀에게는 제2막의 인생이 시작되었다.

그해 그녀는 유니세프 친선대사가 되었다. 우연히 참석
한 기금 모금 행사에서 자신의 영화배우 경력이 세상 사람
들에게 관심과 신기함으로 남아 있다는 것을 알게 되었다.

"아직도 나를 잊지 않고 기억하는 사람이 많구나. 영화의
힘이란 정말 놀랍네."

그녀는 유니세프를 찾아갔다. 유니세프가 그녀를 원했
던 것이 아니라 그녀가 먼저 유니세프에 손을 내민 것이다.
헵번은 취임사에서 다음과 같이 말했다.

"저 자신이 2차 대전 직후 유니세프로부터 식량과 의약
품을 지원받았기 때문에 유니세프가 얼마나 중요한 일을
하는가를 증언할 수 있습니다. 유니세프에 대한 감사와 신
뢰의 마음은 평생 변하지 않았습니다. 앞으로도 그럴 겁
니다."

전쟁 피해 아동의 구호와 저개발국 아동의 복지 향상을

목적으로 설립된 국제연합 특별 기구인 유니세프는 백일해 때문에 죽음을 경험했던 오드리 헵번에게 숙명처럼 다가왔다.

60세를 바라보는 나이에 유니세프가 원하는 곳이면 어디든 달려갔다. 보수는 1년에 1달러뿐이었고 교통비와 숙박비 외에는 아무것도 제공되지 않았지만 그녀는 열정을 다해 헌신했다.

"오드리 헵번이 인기가 떨어지니까 별 쇼를 다하는구만."

"몇 달 저러다가 말겠지."

"자기가 아직도 앤 공주인 줄 아나 봐."

언론과 세상 사람들은 그녀의 행보를 곱지 않게 보았다. 과거의 은막 스타가 세상의 주목을 받고 싶어 하는 행동이라고 생각했다. 하지만 그녀는 발걸음을 멈추지 않았다. 굶주림과 병으로 죽어가는 어린이들의 슬픈 현실을 세상에 알렸다. 곤경과 죽음에 처한 아이들을 차마 외면할 수 없었다. 그건 죄악이라고 생각했다.

그녀의 발길은 아프리카 전 지역을 비롯해 방글라데시, 엘살바도르 등 50여 곳이 넘게 이어졌다. 비행기를 타고 버스로 이동하는 험난한 여정이었지만 백발의 노구를 이끌고 걸어가는 그녀의 발걸음은 거침이 없었다.

"어린이 한 명을 구하는 것은 축복입니다. 어린이 백만 명을 구하는 것은 신이 주신 기회입니다."

그녀의 끝없는 행보에 언론과 사람들의 시선도 달라지기 시작했다. 병에 걸린 아이들을 스스럼없이 만지고 고통 앞에 눈물을 흘리는 장면이 전 세계인의 가슴을 울렸다. 각국에서 구호물자와 기부금이 모이기 시작했다.

"저게 뭐지요?"

1992년 소말리아를 방문했을 때 마을 공터 구석에 놓여 있는 수많은 자루 꾸러미를 보았다. 호기심 어린 눈으로 원주민에게 웃으며 물었을 때 그녀는 귀를 의심할 만한 이야기를 들었다. 그것 다름 아닌 아이들의 시체였다.

"오 마이 갓."

오드리 헵번은 강한 충격을 받았다. 그녀는 그 자리에 주저앉아 두 손을 모았다. 하염없이 눈물이 쏟아졌다. 그 순간부터 오드리 헵번은 소말리아에 대해 더욱 강한 애착을 두게 되었다. 그리고 언론을 향해 소말리아 어린이들에게 더 많은 구호의 손길을 달라고 호소했다.

하지만 사람들은 몰랐다. 이 소말리아 방문이 그녀의 건강을 더욱 악화시켰다는 것을. 사실 헵번은 소말리아를 방문하기 전부터 건강이 좋지 않았다. 그녀도 그것을 알고 있었다. 하지만 자신의 건강 때문에 소말리아 방문이 취소되는 것이 두려워 아무한테도 이야기하지 않았던 것이다. 그녀는 아랫배에 강한 통증을 느낄 때마다 진통제를 맞으며 모든 일정을 소화했다.

그리고 그해 11월 오드리 헵번은 직장암 말기 진단을 받았다. 명망 있는 의사들이 앞다퉈 그녀를 살려보겠다고 나섰지만 결과는 좋지 않았다.

"선생님, 죄송합니다. 최선을 다했지만 암이 워낙 온몸에 넓게 퍼져 있어서…."

오드리 헵번은 고개를 떨군 의사의 손을 잡으며 말했다.

"괜찮아요. 저한테 미안해하실 것 없어요. 이게 제 숙명인걸요. 그래, 신이 제게 주신 시간이 얼마쯤 남았지요?"

"한 3개월쯤 남았습니다."

"3개월이라… 고향에서 가족들과 함께 보낼 시간은 충분하군요."

오드리 헵번의 암 소식이 알려졌을 때 누군가가 물었다.

"당신은 왜 자신을 희생하면서까지 아이들을 돕는 거죠?"

오드리 헵번이 대답했다.

"이것은 희생이 아닙니다. 희생은 자신이 원하지 않는 것을 위해 자신이 원하는 것을 포기하는 걸 의미하기 때문입니다. 이것은 희생이 아닙니다. 오히려 내가 받은 선물입니다."

오드리 헵번은 은퇴 후 오랫동안 살았던 스위스 집으로 돌아와 가족들과 함께 생의 마지막 시간을 보냈다. 마침 크리스마스가 돌아왔다. 그녀는 가족들을 불러 모았다.

"내가 좋아하는 시가 있어. 한번 들어보렴."

그녀는 유언처럼 시를 읊기 시작했다.

아름다운 입술을 가지고 싶으면
친절한 말을 하라.
사랑스러운 눈을 갖고 싶으면
사람들에게서 좋은 점을 봐라.
날씬한 몸매를 갖고 싶으면
너의 음식을 배고픈 사람과 나누어라.
아름다운 머리카락을 갖고 싶으면
하루에 한 번 어린이가 손가락으로
너의 머리를 쓰다듬게 하라.
아름다운 자세를 갖고 싶으면
결코 너 혼자 걷고 있지 않음을 명심하라.

사람들은 상처로부터 복구되어야 하며

낡은 것으로부터 새로워져야 하고

병으로부터 회복돼야 하고

무지함으로부터 교화되어야 하며

고통으로부터 구원받고 또 구원받아야 한다.

결코 누구도 버려서는 안 된다.

기억하라.

만약 도움의 손이 필요하다면

너의 팔 끝에 있는 손을 이용하면 된다.

네가 더 나이가 들면

손이 두 개라는 걸 발견하게 된다.

한 손은 너 자신을 돕는 손이고

다른 한 손은 다른 사람을 돕는 손이다.

크리스마스를 보내고 채 한 달도 되지 않은 1993년 1월 20일, 그녀는 눈을 감았다. 향년 63세였다. 그날은 미국의 빌 클린턴 대통령이 취임식을 하던 날이었지만, 그녀의 사망 기사가 클린턴 대통령 취임 기사보다 먼저 다루어졌다.

그를 조문한 엘리자베스 테일러는 이렇게 말했다.

"하늘이 가장 아름다운 새 천사를 갖게 됐다."

티파니 보석 가게는 일간지에 광고를 싣고 전 세계의 매장에 다음과 같은 글을 붙였다.

　—오드리 헵번. 1929~1993. 우리의 영원한 친구. 티파니사.

유엔과 민간단체 '세계 평화를 향한 비전'은 장기간 유니세프 친선대사로 활동하며 인류애를 실천한 그녀를 기리기 위해, 2004년 2월에 '오드리 헵번 평화상'을 제정했다.

그녀는 한 인터뷰에서 이렇게 말했다.

"하루를 그냥 살아서는 안 됩니다. 하루를 소중하게 여기며 살아야 합니다. 우리는 대부분 살아 있다는 것이 얼마나 아름다운지 감사하지 않고 표면적으로 아무 생각 없이 살아간다는 것을 저는 깨달았습니다."

오드리 헵번은 은막의 스타였을 때도 유독 빛나는 별이었다. 하지만 자신의 의지와 생각대로 남을 돕는 손이 되었을 때 더욱 커다란 별이 되어 사람들의 가슴속에 영원히 남았다.

남을 돕는 것은 자기 자신을 돕는 것이다

1998년 하버드 의대 교수가 학생들에게 흥미로운 실험을 했다.

"먼저 두 그룹으로 나누겠네."

교수는 학생들에게 해야 할 일을 알려주었다. 한 그룹은 대가가 주어지는 일을 하게 하고 다른 그룹에는 아무런 대가 없는 봉사활동을 하게 했다. 학생들은 자신이 하는 일이 무엇인지 몰랐다.

며칠 후 교수는 학생들의 면역 항체 수치를 조사했다.

"예상은 했지만 이럴 수가…"

교수는 자신의 눈을 의심했다. 면역 항체 수치를 조사한 결과 무료로 봉사한 학생들에게서 나쁜 병균을 물리치는 항체가 월등히 높아진 걸 발견한 것이다.

몇 달 후 교수는 마더 테레사 수녀의 일대기를 담은 영화를 학생들에게 보여주는 실험을 했다. 그리고 다시 측정했다. 이번에도 놀라운 현상이 일어났다. 이 영화를 본 학생들은 혈압과 콜레스테롤 수치가 현저히 낮아지고 엔도르핀이 정상치의 2배 이상 증가해 몸과 마음에 활력이 넘친다는 사실을 알았다.

교수는 남을 돕는 활동을 통해 일어나는 정신적, 신체적, 사회적 변화에 대해 헬퍼스 하이Helper's High라고 이름을 붙였다. 이는 '마더 테레사 효과'라고도 하고 '슈바이처 효과'라고도 한다.

실제로 남을 돕거나 봉사하면 심리적 포만감, 즉 '헬퍼스 하이'가 최고조에 이른다. 결국 남을 돕는 것은 자기 자신을 돕는 것이다.

아름다운 입술을 가지고 싶으면
친절한 말을 하라.
사랑스러운 눈을 갖고 싶으면
사람들에게서 좋은 점을 봐라.
날씬한 몸매를 갖고 싶으면
너의 음식을 배고픈 사람과 나누어라.

실수는 하더라도
실패는 하지 마라

한국 최초의 수영 금메달리스트 마린보이 박태환

2004년 아테네올림픽 남자 수영 400미터 예선 경기가 열리고 있는 오카 아쿠아틱 센터. 내로라하는 쟁쟁한 선수들이 가볍게 몸을 풀고 있었다. 관중은 자신들의 국기를 휘날리며 열심히 응원하고 있었다. 예선전임에도 불구하고 경기장 안은 열기로 가득 찼다. 그 속에는 이제 갓 열네 살이 된 앳된 한국인 소년도 있었다.

"연습할 때처럼 하면 돼."

감독의 말이 떠올랐다. 소년은 떨리는 마음을 진정시키고 출발선에 올랐다.

'출발이 빨라야 해.'

소년의 머릿속에는 빨리 출발해야 한다는 생각이 가득했다. 0.01초 차로 승부가 갈리는 수영 경기는 출발과 마지막이 중요하다는 것을 소년은 알고 있었다. 그동안 수많은 연습도 했다.

'자신 있어. 난 할 수 있어.'

소년은 네 살 무렵 천식을 앓은 적이 있었다. 천식은 폐속에 있는 기관지가 아주 예민해지고 좁아져서 숨이 차고 기침을 심하게 하는 일종의 알레르기 질환이다. 만성적인 경우가 많아 평생 천식을 지니고 살 수도 있었다.

"수영을 한번 시켜보세요. 폐활량이 좋아져서 천식에 도움이 많이 될 겁니다."

어머니는 의사의 권유대로 어린 아들을 수영장으로 데려갔다. 아들은 처음에는 물을 무서워했지만, 곧 물에 익숙해졌다. 수영에도 재미를 붙였다. 밥 먹을 시간이 지나도 물에서 나오지 않아 걱정될 정도였다. 자유형, 접영, 배영 등의 수영 기술에 재미를 붙인 소년은 승부욕도 강했다. 무엇보다 체력이 좋았다. 폐활량이 일반 성인의 4000cc보다 두 배 가까운 7000cc였고 부력도 탁월했다. 그것이 서울 대청중학교 3학년이던 소년이 국가대표로 선발되어 올림픽에 출전하게 된 이유였다. 한국 수영 사상 최연소 올림픽 대표였다. 국내의 수영 팬들은 이 어린 소년의 데뷔 무대에 눈과 귀를 모았다.

스타트 총을 든 심판의 오른쪽 손이 번쩍 올라갔다. 이제 곧 출발이었다. 장내는 쥐 죽은 듯이 조용해졌다. 긴장되는 순간이었다.

"첨벙!"

그때 어이없는 일이 벌어졌다. 한 선수가 시작음이 울리기도 전에 물에 뛰어든 것이다. 부정 출발. 사람들은 그 선수가 누구인지 궁금했다. TV 카메라가 물에서 나온 선수를 클로즈업했다. 그는 열네 살의 어린 한국 소년이었다. TV를 지켜보던 대한민국의 시청자들은 깊은 한숨을 쉬었다.

"도대체 연습을 어떻게 시킨 거야?"

"잔뜩 기대했는데 이게 뭐야?"

소년은 물에서 나오자마자 가방을 싸고 쓸쓸히 퇴장했다. 감독이 달려와 물었다.

"무슨 일이니?"

소년의 눈에는 눈물이 가득했다.

"심판의 '준비' 구령을 '출발'로 착각했습니다. 죄송합니다. 면목이 없습니다."

소년은 고개를 숙이고 화장실로 향했다.

"바보. 이런 멍청한 실수를 하다니."

소년은 화장실에 앉아 두 시간 동안이나 펑펑 울었다. 부끄럽고 억울했다. 감독님과 부모님 그리고 자신을 응원했던 이름 모를 국민에게 큰 죄를 지은 것 같았다.

어렵게 준비해서 올림픽까지 나왔지만, 물살 한번 가르지 못하고 짐을 꾸려야 했던 어린 소년에게는 큰 상처가 남았다. 그때부터 물과 사람이 싫어졌다. 무섭고 두려웠다.

"다시는 수영 따윈 하지 않겠어."

한동안 수영을 하지 못했다. 올림픽에서의 실수 장면이 머릿속에서 지워지지 않았다.

어느 날 부모님이 방에서 나오지 않는 어린 아들을 데리고 야외로 나갔다. 강가에 석양이 짙게 물들 무렵 어머니가 입을 열었다.

"아들, 인제 그만 잊어버려. 실수는 누구나 하는 거란다. 하지만 실수가 곧 실패는 아니야. 한 번의 실수 때문에 네가 여기서 모든 것을 포기한다면 넌 앞으로 실패한 인생을 살게 될 거야. 어때? 스스로에게 실수를 만회할 기회를 주는 게? 그게 실수를 잊고 더 나은 모습으로 성장할 기회와 원동력이 될 거야."

소년의 눈에서 하염없이 눈물이 쏟아졌다. 다음 날부터

소년은 수영장에 다시 나갔다. 그리고 누구보다 더 열심히 연습했다. 어머니는 암과 투병하면서도 초시계를 들고 아들의 곁을 지켰다.

소년은 자신이 실수했던 장면을 피하지 않고 반복해서 봤다. 무엇이 잘못되었는지, 무엇이 필요한지 분석했다. 그리고 3년 뒤 소년은 멜버른 세계수영선수권 대회에서 당당하게 금메달을 목에 걸었다. 자유형 400미터에서 해킷 선수를 제친 소년이 동양 선수로는 최초로 1위를 차지한 것이다. 그것도 스타트가 가장 빨랐다. 소년의 이름은 박태환. 마린보이 박태환의 신화는 그렇게 시작됐다. 그 후 박태환은 세계에서 가장 스타트가 빠른 선수 중 한 명이 되었다.

"똑같은 실수를 자꾸 저지르는 건 바보라고 생각합니다. 올림픽 실수 뒤에 정말 셀 수 없을 만큼 많은 출발 연습을 했습니다."

박태환은 하루도 연습을 거르지 않았다. 연습하고 또 연습했다. 단점이 발견되면 반드시 노력해서 고쳤다. 기본기도 다시 다졌다. 처음 수영을 하는 마음으로 경기에 임했다. 2006년 아시안게임에서 3관왕을 차지하고 최우수선수상까지 받았지만 박태환의 꿈은 이미 세계를 향하고 있었다.

"올림픽에서 금메달을 꼭 목에 걸 거야."

드디어 2008년 베이징올림픽이 시작되었다. 소년의 머릿속에는 4년 전의 실수가 떠올랐지만, 곧 지워버렸다. 귀에 이어폰을 끼고 음악을 들으며 심신을 안정시켰다.

'4년을 기다렸다. 그날의 실수를 만회할 기회가 온 거야.'

예선을 거쳐 결승에 오른 박태환은 8월 10일 베이징올림픽 수영센터의 출발선에 섰다. 외신들은 4년 전의 뼈아픈 기억을 끄집어냈다. 그리고 놀라움을 표시했다.

"4년 전에 부정 출발로 탈락했던 선수입니다. 하지만 지금도 그의 나이는 겨우 열여덟 살에 불과합니다. 대한민국과 아시아는 이 소년을 주목합니다. 올림픽 역사상 최초로 아시아에서 금메달이 나올 수 있을지 기대됩니다."

관중석에서는 태극기가 휘날렸다. 박태환을 응원하기 위해 수많은 한국인이 경기장을 찾았고 국민도 TV 앞에 모여들었다. 심판의 손이 천천히 올라갔다.

"탕."

출발 신호와 함께 박태환은 힘차게 물에 뛰어들었다. 50미터를 도는 지점에서 박태환은 4위를 달렸다. 불안한 출발이었다. 하지만 두 번째 지점인 100미터를 돌 때는 2위로 치고 올라왔다.

"힘내라, 박태환!"

"대, 한, 민, 국! 짝짝짝 짝짝!"

경기장이 흥분의 도가니로 변했다. 박태환은 1위인 해킷을 제치며 앞으로 치고 나갔다.

"우와!"

전국이 들썩였다. 박태환은 이때부터 선두를 놓치지 않고 질주하기 시작했다. 물살을 헤치며 온 힘을 다하는 박태환의 에너지가 그대로 전해졌다.

결승점에 손이 닿는 순간, 박태환은 전광판을 확인했다.

3분 41초 86.

"금… 금메달입니다. 박태환 선수 금메달입니다!"

아나운서의 목소리에 감격과 눈물이 섞였다.

"아시아 최초로 수영 400미터에서 금메달을 땄습니다. 자랑스러운 박태환 선수. 자랑스러운 대한민국입니다. 4년 전의 실수를 이겨내고 결국 조국에 금메달을 안기는 역사적인 순간입니다. 흑….''

세계 유수의 언론은 박태환의 우승 소식을 앞다투어 전했다. 남자 자유형은 동양인에게는 불모지나 다름없었다. 박태환의 올림픽 금메달은 세계 수영 역사에 길이 남을 대사건이었다. 박태환은 자유형 200미터에서도 수영 황제 펠프스에 이어 은메달을 획득해 베이징올림픽에서 두 개의

메달을 목에 걸었다.

　그 후 박태환은 올림픽 이후 심적 부담감 등의 이유로 심각한 부진에 빠져 2009년 로마 세계수영선수권에서 자유형 200미터, 400미터, 1500미터 모두 결선 진출에 실패했다. 충격이었다. 전신 수영복에 적응하지 못한 것이 가장 큰 패배 요인이었다. 하지만 2010년 1월 1일부터 전신 수영복 금지 규정이 생기면서 다시 한번 재기의 기회를 노렸다. 그리고 2010년 11월 14일 중국 광저우에서 열린 제16회 아시안게임 남자 200미터 자유형에서 자신이 가지고 있던 아시아 최고 기록을 0.05초 앞당기며 금메달을 땄다.

　남자 400미터 자유형, 남자 100미터 자유형에서도 금메달을 획득했다. 이로써 2006년 도하 아시안게임에 이어 연속 3관왕이라는 대기록을 세우며 한국 수영사 최고의 대기록을 수립했다. 이 때문에 도핑 검사를 여느 선수보다 많이 받았다. 이제 더는 아시아에서 박태환에게 대적할 상대가 없었다. 주목해야 할 것은 한 번의 실수를 값진 교훈으로 삼아 결국 승리를 쟁취했다는 사실이다.

　"2004년의 실수는 나 자신을 단단하게 만드는 계기가 되었다. 그때부터 내 목표는 올림픽 금메달이었다."

실수는 온몸으로 껴안아라

"실수를 저질렀을 때 그것을 만회하려면 다음 세 가지 일을 해야 한다. 첫째 실수를 인정할 것. 둘째 실수로부터 배울 것. 셋째 실수를 반복하지 말 것."

앨라배마 대학 미식축구 코치인 폴 베어 브라이언트의 명언이다.

누구나 실수한다. 실수하지 않는 사람은 이 세상에 없다. 중요한 것은 실수를 반복하지 않는 것이다. 실수도 습관이 되기 때문이다. 실수했을 때 그 탓을 남에게 돌리지 말라. 시선은 남이 아닌 자신에게 향해야 한다.

브라이언트 코치는 이런 말도 했다.

"만약 모든 게 잘못되었다면 '내 탓이다', 그저 그렇다면 '우리가 한 일이다', 잘 되었을 때 '여러분 덕이다'라고 말할 수 있는 태도야말로 미식축구에서 승리를 거두는 데 중요한 요소다."

실수했을 때는 먼저 거울을 들여다보라.

그리고 온몸으로 그것을 껴안아라. '실수는 해도 실패는 하지 않는다'는 생각으로 하루하루에 충실하면 당신의 꿈과 목표에 가까워질 것이다.

실수는 누구나 하는 거란다.
하지만 실수가 곧 실패는 아니야.
한 번의 실수 때문에 네가 여기서 모든 것을 포기한다면
넌 앞으로 실패한 인생을 살게 될 거야.
어때? 스스로에게 실수를 만회할 기회를 주는 게?
그게 실수를 잊고 더 나은 모습으로
성장할 기회와 원동력이 될 거야.

세상에서 가장 큰 선물은
자신에게 기회를 주는 삶이다

홈리스에서 억만장자가 된 크리스 가드너

"나는 홈리스Homeless 이지만 호플리스Hopeless 는 아니야."

한 흑인 사내가 있었다. 시골 고교 졸업장이 학력의 전부였던 그는 해군 복무를 마치고 캘리포니아 실리콘밸리에서 의료 기구 파는 일을 시작했다. 결혼도 했고 아들도 얻었다.

어느 날 아내가 그에게 말했다.

"이제 더는 당신과 살고 싶지 않아요. 살 자신도 없어요. 지긋지긋한 가난도 싫어요. 미래가 보이지 않는 당신의 인생에서 이제 그만 나가고 싶어요."

"그동안 잘 참아왔지 않소. 조금만 더 참아요. 내 돈을 많이 벌어서 당신과 우리 아들…."

"더 참으라고요? 흥. 이제 그 말도 지긋지긋해요. 크리스토퍼는 제가 데려갈게요."

"안 돼! 크리스토퍼는 나와 함께 있을 거야."

"그럼 그렇게 하세요. 저는 뉴욕으로 갈 거예요."

사내는 어린 아들과 남겨졌다. 잠든 어린 아들을 보며 그는 자신의 어린 시절을 생각했다. 우울한 시절이었다. 미혼모에게서 태어난 그는 폭력적인 계부에게 온갖 학대를 당했다. 그건 자신의 어머니와 세 누이도 마찬가지였다. 견디다 못한 어머니가 계부를 죽이기 위해 집에 불을 질러 감옥에 갇혔고, 그는 여덟 살 나이에 가정 위탁을 받으며 컸다.

불운은 여기에서 그치지 않았다. 그의 인생에 버팀목이 되어주었던 외삼촌이 미시시피강에 빠져 익사했다. 졸지에 가장 든든한 지원군을 잃은 그는 크게 절망했다.

"내가 태어난 것부터가 실패야!"

그는 외삼촌을 따라 강에 몸을 던지려고 했다. 그때 감옥에 있는 어머니의 목소리가 들려왔다.

"네 인생은 너 스스로 결정해야 해. 지원군 따위는 오지 않아. 죽을 용기가 있다면 살 희망도 있는 법이야. 세상을 향해 한번 부딪혀봐."

그때 그는 결심했다.

"그래, 세상이 필요로 하는 사람이 될 테야."

하지만 현실은 녹록지 않았다. 세일즈를 하면서 열심히 살아보려고 했지만 한물간 의료 기구는 잘 팔리지 않았고 세금은 날로 늘어만 갔다. 차는 압류당한 지 오래되었고 이제 아내마저 집을 나갔다. 설상가상으로 집세를 내지 못해 살던 집에서 쫓겨나 노숙을 하는 절망적인 상황이었다.

하지만 아들만은 버리지 않았다. 버릴 수도 없었고 버려서도 안 되는 존재, 자신의 온몸을 바쳐서라도 지키고 싶은 것이 바로 아들이었다. 아들에게 꿈과 희망을 보여주고 싶었다. 집에서 쫓겨난 부자는 잠잘 곳이 없어 지하철 화장실에서 골판지를 깔고 잠을 잤다. 그의 팔에 머리를 묻고 잠든 아들을 보며 하염없이 눈물을 흘렸다. 그리고 속으로 다짐했다.

'어딘가에 분명 길이 있을 거야. 널 꼭 행복하게 해줄게. 아빠가 약속하마.'

하루는 아들이 어린이집에서 돌아와 아빠에게 말했다.

"아빠, 전 머리가 나빠 아무것도 할 수 없을 것 같아요."

"왜 무슨 일이 있었니?"

"어린이집 선생님이 수학 시간에 말했어요. 저는 암기력도 없고 숫자에도 밝지 않다고. 게다가 흑인이라서….."

그는 아랫입술을 질끈 깨물었다. 그리고 아들에게 말했다.

"잘 들어. 누구도 너에게 '넌 할 수 없어'라고 말하게끔 하지 마. 그게 나라도 말이야."

어느 날 그는 큰 건물 앞을 지나가고 있었다. 근데 이상한 점이 눈에 띄었다. 그 건물을 나오는 사람들의 얼굴에 환한 미소가 가득한 것이다.

'저 사람들은 무슨 이유로 저런 행복한 미소를 지을까?'

마침 그의 앞에 빨간색 페라리 한 대가 섰다. 그토록 갖고 싶어 했던 차였다. 차 문이 열리고 양복을 잘 차려입은 신사가 내리더니 그 건물 안으로 들어가려고 했다. 그는 얼른 달려가 신사를 붙잡고 물었다.

"초면에 죄송합니다만 딱 두 가지만 물어보겠소. 댁의 직업이 무엇이고 당신이 이토록 성공한 비결은 무엇입니까?"

신사는 그의 위아래를 훑어보더니 천천히 말을 꺼냈다.

"난 주식 중개인이오. 숫자에 밝고 사람 만나기를 좋아한다면 당신도 나처럼 성공할 수 있을 것이오."

"고맙소. 나도 당신처럼 꼭 성공하겠소."

"정상에서 만납시다!"

그는 그 순간부터 주식 중개인이 되겠다는 꿈을 갖게 되었고, 날이 밝자 주식 중개 회사를 찾아갔다.

"인턴으로 일하고 싶습니다. 보수는 필요 없습니다. 그저 일만 하게 해주세요. 처음에는 모르는 게 많겠지만 배우면서 열심히 일하겠습니다."

그는 낮에는 회사에서 인턴으로 일하고 밤에는 노숙자 쉼터에서 공부하기 시작했다. 비록 무보수 인턴 사원이기는 했지만, 그는 자신에게 찾아온 황금 같은 기회를 놓치고 싶지 않았다. 화장실 가는 시간을 아끼려 물도 마시지 않았고, 하루 200명의 고객과 통화하겠다는 자신만의 다짐도 어기지 않았다.

그런 그를 유심히 지켜보던 한 사람이 있었다. 바로 옆 건물에 있는 대형 투자사의 대표였다. 햇볕이 화사롭게 도시를 비추던 어느 여름날 오후, 대표가 그에게 점심을 함께 먹자고 했다. 잔잔한 음악이 울려 퍼지는 고급 프랑스 레스토랑이었다. 코스 요리를 먹고 디저트가 나오자 대표가 입을 열었다.

"줄곧 자네를 지켜봤네. 자네의 성실함이 나를 감동하게 했네. 어떤가? 나와 함께 우리 회사에서 일해보지 않겠나? 지금 회사처럼 인턴이 아니고 정식 직원일세. 보수도 두둑하다네. 아마도 일주일에 두세 번쯤은 이 레스토랑에서 아들과 오붓하게 식사할 수 있는 여유는 될 걸세."

그는 깜짝 놀랐다. 그리고 기쁨의 눈물을 흘렸다. 그동안 자신을 지켜보던 사람이 있었다는 것과, 땀과 열정은 배반하지 않는다는 것을 깨달았다.

"절 선택하신 것을 후회하지 않도록 열심히 하겠습니다."

그는 열심히 일했고 실적이 좋아 초고속 승진도 했다. 무엇보다 아들에게 부끄럽지 않은 아버지로 살 수 있는 것이 좋았다.

"승부는 지금부터야. 이제 내가 생각했던 것을 마음껏 펼쳐 보일 때야."

그는 더욱 열심히 일했고 결국 6년 후 자신만의 투자 회사 '가드너 리치 앤드 컴퍼니'를 설립했다. 여기서 멈추지 않고 자신의 생명과도 같은 아들의 이름을 딴 '크리스토퍼 가드너 인터내셔널 홀딩스'로 확장해 국제적인 투자 회사로 키웠다. 그의 회사는 10년 후 1000만 달러의 글로벌 투자 회사로 발돋움했다. 2021년 현재 그의 재산은 2천억 원에 달하는 것으로 알려졌다.

그의 이름은 크리스 가드너.

노숙자에서 일약 억만장자가 된 그는 자신의 어려웠던 시절을 잊지 않고 수많은 자선 단체에 기부금을 내고 있다.

또 연설가로 활동하며 절망에 빠진 사람들에게 희망을 전하고 있다.

크리스의 감동적인 인생 이야기는 할리우드에서 영화로도 만들어졌다. 윌 스미스가 자신의 실제 아들인 제이든 미스와 동반 출연해 화제가 되었던 〈행복을 찾아서〉가 바로 그것이다. 가드너는 자신의 저서에서 이렇게 말했다.

"상황이 나빠지고 진정으로 포기하고 싶을 때가 바로 더욱더 추진력을 발휘해야 할 순간이다. 게임이란 역경이 닥치기 전에는 시작되지 않는 법이다. 나는 안 된다고 생각되어 포기하고 싶을 때가 있다. 그때 지금 그 자리에서 다시 시작하라. 세상에서 가장 큰 선물은 자기 자신에게 기회를 주는 삶이다."

무일푼에서 억만장자가 되고 영화의 소재까지 되었던 크리스 가드너. 그는 인생이라는 건 자신이 선택해야 한다는 것을 알았다. 스스로 생각하고 결정해야 한다는 것도 알았다. 그래서 자신의 직관과 신념을 믿고 누구보다 열심히 일했다. 자신을 아끼고 사랑하지 않으면 그 누구도 자신에게 관심을 두지 않는다는 사실도 알고 있었다.

자신에게 기회를 줘야 한다. 자신을 믿고 자신을 의지하고 자신의 내면에서 나오는 목소리에 귀를 기울여야 한다.

시간은 인생의 동전이다

미국의 시인이자 퓰리처상을 수상한 칼 샌드버그는 시간의 중요성에 대해 이렇게 말했다.

"시간은 인생의 동전이다. 시간은 네가 가진 유일한 동전이고 그 동전을 어디에 쓸지는 너만이 결정할 수 있다. 너 대신 타인이 그 동전을 써버리지 않도록 주의하라."

하루의 시간은 누구에게나 공평하다. 모두가 24시간이라는 시간을 보낸다. 하지만 시간을 어떻게 활용하느냐에 따라 인생과 미래가 달라진다. 시간을 잘 활용하기 위해서는 무엇보다 계획과 목표가 있어야 한다. 10분의 계획이 2시간을 절약한다는 사실을 잊어서는 안 된다.

그리고 계획에는 목표가 반드시 있어야 한다. 몇 월 며칠, 몇 시까지 끝내겠다는 정확한 시간이 들어가면 더욱더 좋다. 조지 버나드 쇼는 이렇게 말했다.

"그대가 해야 할 일은 그대가 찾아서 해라. 그렇지 않으면 그대가 해야 할 일은 끝까지 그대를 찾아다닐 것이다."

그래요, 당신도 할 수 있어요

세계를 울린 마라톤 부자 팀 호이트

매사추세츠주의 어느 산부인과 병원. 신생아실 앞에서 한 사내가 초조한 듯 병원 복도를 서성이고 있다. 그의 이름은 딕 호이트. 학창 시절 미식축구와 야구 선수로 활약했으며 지금은 주 방위 공군으로 근무하고 있다.

"제발 우리 아기가 무사히 태어나기를!"

하지만 한 시간이 넘도록 아기의 울음소리는 들리지 않았다. 딕은 초조했다. 잠시 후 상기된 표정을 한 의사와 간호사가 나왔다.

"아버님, 잠시 저와 이야기를 나눌 수 있을까요?"

"우리 아기… 우리 아기는 어떻게 됐나요?"

"아기는 무사합니다. 산모도 건강하고요. 제 방으로 함께 가시죠."

의사의 안내를 따라 딕은 그의 사무실로 들어갔다. 방에는 인간의 신체를 해부한 마네킹과 그림들이 여기저기에 걸려 있었다. 왠지 느낌이 좋지 않았다.

"사고가 있었습니다."

"무… 무슨?"

"아이가 태어나면서 탯줄이 목에 감겼습니다. 처음에는 산소 공급이 되지 않아 죽을 고비를 넘겼지만, 지금은 무사합니다."

"그럼 우리 아이는 어떻게 되는 겁니까?"

"현재로서는 어떻게 될지 모르겠습니다. 아이가 자라는 것을 지켜봐야 합니다. 한 달에 두 번은 꼭 병원에 들러주세요."

딕은 깊은 한숨을 쉬었다. 무엇보다 아내와 아들이 죽지 않아서 다행이라고 생각했다. 딕은 이 천신만고 끝에 태어난 아이에게 릭 호이트라는 이름을 지어주었다. 릭은 별탈 없이 무럭무럭 자랐다. 빠짐없이 정기 검진도 받았다. 릭이 태어난 지 8개월 되었을 때 딕은 의사에게 청천벽력 같은 소리를 들었다.

"태어날 때의 사고 영향인 것 같습니다. 아드님은 중증 뇌성마비 환자입니다. 몸도 지금처럼 잘 가눌 수 없고 말도 하지 못할 것 같습니다."

"그러면 어떻게…."

"이렇게 두면 평생 식물인간으로 살아야 합니다."

딕은 그 자리에 주저앉았다. 자기 아들이 평생 걷지도 못하고 말하지도 못한 채 살아야 한다는 사실이 믿기지 않았다. 의사가 조심스럽게 말문을 열었다.

"지금이라도 포기하시는 게…."

딕은 벌떡 일어나 의사의 뺨을 후려쳤다.

"당신이라면… 이 작고 가엾은 생명을 포기하겠소? 더구나 이 아이는 나와 내 아내의 피와 살로 태어난 생명이오."

"하지만 현실적으로 생각해보세요. 이건 선생님과 아드님 모두에 게 좋지 않은…."

"닥치시오. 당신 도움 따윈 필요 없소. 이 아이는 내가 키울 거요. 이 아이가 죽기 전엔 나도 절대 죽지 않을 거요."

병원 문을 나서는 딕의 눈에서 하염없이 눈물이 쏟아졌다. 그리고 다짐하듯 말했다.

"난 릭을 절대 포기하지 않을 거야. 결코!"

릭은 부모님의 극진한 사랑으로 무럭무럭 자라났다. 하

지만 걷지도 못하고 말하지도 못해 먹는 것과 용변을 보는 것은 부모님의 도움이 필요했다. 그래도 아들의 얼굴을 볼 때마다 딕 부부는 행복했다. 그 무렵 컴퓨터가 일반인과 가정에 보급되기 시작했다. 딕은 많은 돈을 들여 말을 할 수 없는 아들에게 특수 컴퓨터 장치를 설치해주었다.

"릭, 이건 컴퓨터라는 거야. 네가 하고 싶은 말이나 하고 싶은 것을 표현해보렴."

딕의 말이 끝나기가 무섭게 릭은 눈과 입을 깜빡이며 자신의 의사를 표현했다. 모니터에 글자가 새겨지기 시작했다.

—아빠, 엄마.

그 문장을 본 순간 딕은 깊은 감동과 환희로 가득 찼다. 그리고 다음 문장이 이어졌다.

—아빠, 전 달리고 싶어요. 달리고 싶어요!

릭의 나이 열다섯 살 때였다. 아들과 처음으로 대화를 나누는 순간이었다.

"여보, 얼른 나와봐요. 릭이 내게 말을 했어요."

딕은 자신의 모든 것을 바쳐서라도 아들의 소원을 들어주기로 했다. 다음 날 딕은 휠체어를 끌고 거리로 나섰다. 넓은 공터가 그들 앞에 펼쳐졌다.

"릭, 지금부터 아빠는 빠르게 달릴 거야. 그러니 넘어지지 않게 꽉 잡으렴."

딕은 휠체어를 밀며 힘차게 달리기 시작했다. 공터의 끝까지 가서는 다시 돌려 달렸고, 그렇게 열댓 번을 더 달렸다. 그날부터 딕과 릭의 질주는 계속되었다.

하루는 릭이 자기 생각을 문자로 표현했다.

─아빠, 저랑 함께 마라톤에 참가하지 않을래요?

딕은 마라톤을 아는 릭이 신기했지만, 곧 그렇게 하겠다고 약속했다. 평소 심장이 좋지 않았던 딕이지만 아들이 원하는 것이라면 뭐든지 할 준비가 되어 있었다.

첫 마라톤 경기에서 부자는 꼴찌에서 2등을 했다. 하지만 그들은 완주했다. 아들은 상기된 표정으로 이렇게 말했다.

─오늘 처음으로 내 몸의 장애가 사라진 것 같았어요!

그 글을 보는 순간 딕의 눈에서 뜨거운 눈물이 나왔다.

"릭, 넌 누가 뭐래도 내 아들이란다. 고맙다."

릭은 그 후로도 시간이 날 때마다 자신의 의사를 표현했다.

─아빠, 보스턴 마라톤에 참가하고 싶어요.

그럴 때마다 아빠의 대답은 한결같았다.

"그럼, 좋지. 우리 힘차게 달려보자꾸나."

부자는 보스턴 마라톤을 비롯한 수많은 레이스에 참가했다. 1981년 보스턴 마라톤 대회에 출전해서는 1/4 지점에서 포기하고 말았다. 하지만 1982년 보스턴 마라톤에서는 완주에 성공했다.

그러던 어느 날 릭은 놀라운 제안을 했다.

—아빠, 철인 3종 경기에 참여하고 싶어요.

아빠는 잠시 당황했다.

"마라톤도 힘든데 철인 3종 경기라니."

그건 마라톤처럼 단순히 뛰어서만 되는 게 아니었다. 수영도 해야 했고 자전거도 타야 했다. 딕은 수영도 하지 못했고 자전거도 탈 줄 몰랐다. 하지만 아들의 소원을 외면할 수 없었다. 그는 평소처럼 아들을 향해 소리쳤다.

"그래, 좋아. 우리 힘차게 달려보자꾸나."

딕은 그날부터 수영과 자전거를 배웠다. 그리고 철인 3종 경기에 참가증을 제출했다.

"딕, 이건 마라톤하곤 달라. 이건 미친 짓이야."

"휠체어를 타고 달리는 건 그렇다 치고 어떻게 릭과 함께 수영하겠나? 자전거는 또 어떻게 타고?"

"서로를 위해서 좋은 일이 아니야."

부자가 철인 3종 경기에 참여한다고 하자 주위 사람들이 몰려와 말렸다. 하지만 그 누구도 아빠 딕 호이트와 아들 릭 호이트의 이름을 딴 '팀 호이트'의 도전과 신념을 막을 수 없었다.

아버지는 아들을 위해 허리에 고무 배를 묶고 강을 건넜고 특수 제작한 자전거를 타고 달렸다. 철인 3종 경기는 아침 7시에 출발해 밤 12시(17시간)까지 들어와야 한다. 그들은 수많은 난관을 물리치고 수영 3.9킬로미터, 자전거 180.2킬로미터, 마라톤 42.195킬로미터의 철인 3종 경기를 완주했다. 그들의 기록은 16시간 15분이었다. 이것을 계기로 부자는 철인 3종 경기를 6회 완주했고 최고 기록은 13시간 43분 37초였다.

그 후에도 이들 부자의 놀라운 도전은 계속되었다. 마라톤 64회, 단축 철인 3종 경기 206회, 보스턴 마라톤 24회 연속 완주의 대기록을 세운 것이다. 마라톤 최고 기록은 2시간 40분 47초. 정상인도 내기 힘든 기록을 휠체어를 밀며 달성한 것이다. 또한 달리기와 자전거로 6000킬로미터에 이르는 미국을 횡단하기도 했다. 대기록을 작성한 후 릭이 아버지를 향해 자신의 생각을 글로 적었다.

—아버지가 없었다면 할 수 없었을 거예요.

이에 아버지가 말했다.

"릭, 네가 없었다면 아버지는 하지도 않았을 것이다."

그들의 이 감동적인 이야기는 유튜브와 〈오프라 윈프리 쇼〉를 통해 전 세계에 소개되었다. 2011년 칸 국제광고제에 광고 소재로 쓰이기도 했다.

딕은 언젠가 기자들에게 다음과 같은 질문을 받았다.

"아들을 너무 몰아붙인다, 지나치게 욕심을 부리는 게 아니냐 하는 안 좋은 시선도 있습니다. 그 점에 대해서는 어떻게 생각하십니까?"

딕은 웃으면서 대답했다.

"그건 사람들이 몰라서 하는 소리입니다. 팩트는 말입니다, 내가 아니라 릭이 저를 경기마다 끌고 다닌다는 것입니다. 하하하. 릭이 아니었다면 애초부터 시작도 안 했을 겁니다."

2021년 3월 딕 호이트는 80세를 일기로 세상을 떠났다. 그의 옆에서는 59세의 릭 호이트가 서글피 울고 있었다. 비록 팀 호이트는 해체되었지만 그들은 수많은 세계인에게 감동과 영감을 주었고, 딕 호이트는 '세상에서 가장 강인한 아버지'로 기억되고 있다.

인생은 마라톤,
최종 승자는 아무도 모른다

마라톤은 42.195킬로미터를 달리는 경기이다. 스포츠로 보면 육상 경기이면서 예선전 없이 단 한 번의 시합으로 끝나는 유일한 경기이기도 하다. 처음부터 1등으로 달린다고 해서 끝까지 1등을 한다는 보장도 없고, 꼴찌로 달리다 1등을 하는 때도 있다. 처음부터 전속력으로 달리면 중간에 지쳐 포기하게 된다. 무엇보다 페이스 조절이 중요하다.

인생도 마찬가지이다. 결코 시작이 중요한 것은 아니다. 얼마만큼 자신을 믿고 자신의 상태를 아느냐가 중요하다. 또한 인생이라는 마라톤은 나 자신만의 레이스이다. 가끔 동료나 멘토들이 도움을 주긴 하지만 결국에는 홀로 달려야 하는 고독한 싸움이다.

마라톤에는 결승점이 있지만, 인생에는 결승점이란 없다. 그저 중간마다 놓인 수많은 간이역을 거칠 뿐이다. 시작이 늦었다고 해서 포기하거나 겁먹을 필요가 없다. 1등으로 달린다고 해서 우쭐하거나 교만해져서도 안 된다.

자신의 심장과 두 다리를 믿어야 한다. 그리고 아무 생각 없이 앞만 보고 달리지 마라. 눈앞에 펼쳐지는 수많은 광경을 보고 즐겨라. 잠시 운동화 끈을 풀고 앉아 바람의 소리를 듣는 것도 좋은 방법이다. 순전히 자신만의 레이스를 즐겨라. 그 사람이 곧 승자이다.

아빠, 전 달리고 싶어요. 달리고 싶어요!

인내하고 또 인내하고
끝까지 인내하라

전설적인 뇌성마비 판매왕 빌 포터

"내… 내 이름은… 빌… 빌 포터…입니다."

빌 포터는 선천성 뇌성마비 환자였다. 육체적 능력은 물론 정신적 능력까지 또래 아이에 비해 현저히 떨어졌다. 혼자서 신발 끈을 묶지 못할 정도로 오른손을 거의 사용하지 못했고, 남들과 의사소통하는 것도 힘들었다.

"빌을 특수 시설을 갖춘 학교로 보내야 합니다."

하지만 빌의 어머니는 거절했다. 일반 학교에 다닌 빌은 수시로 놀림을 받았다. 아이들은 빌의 비틀거리는 걸음걸이와 더듬거리는 말투를 따라 하며 그를 놀렸다.

"빌, 너는 절대 다르지 않단다."

어머니는 빌의 곁에서 늘 응원하고 격려했다. 빌 포터는 부모님의 눈물겨운 정성으로 무사히 고등학교를 졸업했다.

"난 네가 대학보다는 사회에 나가서 일했으면 좋겠구나. 돈을 많이 벌어 멋진 여자를 만나 결혼도 했으면 좋겠다."

이날부터 빌은 취업지원국의 도움을 받아 일자리를 찾아 나섰다. 첫 번째로 얻은 직장은 한 회사의 재고 관리 직원이었다. 하지만 채용된 지 하루 만에 해고되었다. 두 번째, 세 번째 직장 또한 사흘을 넘기지 못했다. 어눌한 말투와 부자연스러운 손놀림 때문에 빌에게 일을 맡기는 사람이 없었다. 그렇게 몇 차례의 취직에 실패하자 취업지원국은 빌에게 '취업 불가' 통보를 보냈다.

'어머니를 위해서라도 꼭 취직을 해야 돼.'

빌은 스스로 직장을 찾으러 다녔다. 신문이나 전단지에서 사람을 구한다는 모집 공고를 보면 서류를 들고 면접장으로 향했다. 하지만 어느 회사도 그를 반기지 않았다.

'내가 필요한 곳이 어딘가에 있을 거야.'

어느 날 우연히 영업 사원을 모집하는 생활용품 왓킨스 사에 면접을 보러 갔다. 자신의 집에서도 쓰고 있는 물건을 파는 회사라 친근했다. 왠지 그곳은 자신을 필요로 할 것 같은 예감이 들었다. 하지만 빌의 모습을 본 면접관은 어김없이 그에게 불합격을 통보했다. 빌은 크게 낙심하지 않았다.

'생활용품을 파는 것이라면 나도 자신 있어. 내가 써본 것도 많고, 설명도 잘할 수 있어.'

다음 날 그는 다시 왓킨스사에 찾아갔다.

"당신, 또 왔군요."

"저… 저도 생활용품을 팔… 팔 수 있습니다."

"유감입니다. 다른 직장을 알아보세요."

빌은 다음 날도 다시 왓킨스사에 찾아갔다.

"정말 끈질기네요. 몇 번을 말씀드렸지만 우리 회사는 당신을 채용할 수 없습니다!"

면접관의 짜증스러운 목소리가 들렸다. 빌은 더는 물러설 수 없다고 생각했다. 급히 떠나려는 면접관을 붙잡고 비장한 목소리로 말했다.

"급여는 필요 없습니다. 대신 저를 남들이 가기 싫어하는 가장 실적이 좋지 않은 지역으로 보내주십시오."

빌의 제안에 면접관은 웃으며 말했다.

"좋소. 우리야 뭐 손해 볼 건 없소. 어차피 방문 판매라는 것이 팔리는 만큼 이익을 가져가는 것이니깐. 그리고 당신이 이렇게 매일 나를 찾아올 정도의 열정과 인내심을 가지고 있으니 한 번 해보시오."

"감… 감사합니다. 열심히 하겠습니다."

그날부터 빌 포터는 왓킨스사의 영업 사원이 되어 방문 판매를 시작했다. 양복을 곱게 차려입은 빌 포터는 포트랜드 북서부의 가파른 언덕길을 오르며 집마다 벨을 눌렀다.

"누구세요?"

"와… 왓킨슨사의 빌… 빌 포터라고 합니다."

문틈으로 방문객을 살펴보던 주인은 빌 포터의 일그러진 얼굴과 부자연스러운 몸짓을 보더니 문을 닫고 집 안으로 들어갔다. 이뿐만이 아니었다. 겁에 질린 아이들은 울음을 터뜨렸고, 성난 개들이 달려들어 자칫 위험할 뻔한 순간도 많았다.

"앗, 괴물이다!"

빌은 포기하지 않고 집마다 초인종을 눌렀다. 하지만 사람들은 좀처럼 문을 열어주지 않았다. 어떤 반응에도 빌은 결코 실망하거나 포기하지 않고 끊임없이 문을 두드렸다.

'다음 집은 분명히 문을 열어줄 거야. 그리고 내가 들고 온 생활용품에 관심을 갖고 구매해주겠지. 그 순간을 위해 참고 또 참자.'

빌은 자신에게 주문을 걸었다. 그렇게 냉대와 멸시를 받으며 하루도 쉬지 않고 자신이 맡은 구역의 문을 두드렸다.

'사람들이 내 물건을 사지 않는 것은 새롭지 않기 때문이야.'

빌은 그렇게 생각했다. 그래서 새로운 제품이 나올 때마다 몇 번이고 또다시 방문했다.

"도대체 몇 번을 더 말해야 하죠? 다시는 오지 마세요."

"필요 없어요. 안 사요!"

그러던 어느 날, 한 부인의 도움으로 상품 몇 개를 주문받았다. 수많은 시행착오를 거친 빌 포터가 한 가지 꾀를 낸 것이다.

"저, 물 한 잔 얻어 마실 수 있을까요?"

벌써 열 번 넘게 방문한 집이었다. 혼자 사는 그 집의 부인은 빌 포터의 방문을 받을 때마다 이렇게 말하곤 했다.

"다음에 살게요. 아직은 쓸 만해요."

빌 포터는 그 부인의 눈빛에서 다른 사람들과는 다른 무언가를 느꼈다. 그건 동정이 아니라 놀라움이었다. 자기 같은 지체장애인이 하루도 빠짐없이 찾아오는 것에 대한 경이로움이었다.

"근데, 포터?"

"제 이름을 기억하시는군요."

"당연하죠. 당신이 벨을 누르고 가장 먼저 하는 말이니까요."

부인은 웃으면서 말했다.

"당신은 성실한 사람인 것 같아요. 매번 거절당하면서 이렇게 찾아오니 말이죠. 이유가 뭔가요? 매번 거절당하면서 절 찾아오는 이유, 늘 얼굴에 웃음을 띠는 이유 말이에요."

빌 포터가 웃으면서 대답했다.

"전 늘 긍정적으로 생각했어요. 이 긍정적인 생각이 습관이 되어버렸지요. 가령 일기예보에 다음 날 30도가 넘을 거라고 나오면 '그 정도면 선선하지'라고 생각했습니다. 눈이 많이 내려 빙판길이 되면 신이 났습니다. 날씨가 안 좋은 날이야말로 사람들이 집에 있기 때문이죠."

빌 포터의 말을 들은 부인이 눈가에 눈물을 머금고 물었다.

"빌, 제가 무엇을 도와주면 돼죠?"

빌 포터가 대답했다.

"여기 카탈로그를 봐주세요. 그리고 필요하신 게 있으면 주문해주세요. 단, 동정은 주문 목록에서 제외하고요."

부인은 얼굴에 환한 미소를 지으며 빌이 내민 카탈로그를 받고 필요한 용품에 동그라미를 그렸다. 빌이 처음으로 제품 주문을 받는 순간이었다. 빌은 뛸 듯이 기뻐하며 이 사실을 어머니에게 말했다.

"수고했다, 빌. 지금처럼 인내하고 또 인내하거라."

그날부터 빌이 문을 두드리면 사람들이 문을 열어주었다. 하루도 빠짐없이 문을 두드리는 빌의 성실함과 진실함에 구역 사람들도 마음의 문을 연 것이다.

'내 생각이 옳았어.'

이제 사람들은 빌을 가족처럼 여겼다. 빌과 농담처럼 흥정하는 사람도 생기고 아이들은 그가 초인종을 누르면 달려가 가방부터 뒤지기 시작했다.

"아저씨, 오늘은 어떤 신제품을 가지고 오셨나요?"

마침내 빌 포터는 왓킨스의 서부 지역 판매왕이 되었다. 그리고 24년 후 왓킨스사 역사상 가장 많은 판매고를 올린 인물이 되었고 이 기록은 아직 깨지지 않고 있다. 그를 보고 울었던 아이들은 어느새 어른이 되어 빌 아저씨의 단골손님이 되었다.

"우리 집에 있는 생활용품은 전부 빌 아저씨에게서 산 거예요."

어느덧 세상이 바뀌어 인터넷과 TV로 쇼핑하는 게 유행이 되었다. 게다가 빌은 자동차 사고로 걸을 수도 없었지만 그는 멈추지 않았다. 홈페이지를 만들어 달라진 세상을 열심히 걸었다. 그의 나이도 어느덧 여든이 넘었다.

사용할 수 없는 오른손을 뒤로 감추고 왼손에 무거운 가방을 들고 매일 15킬로미터를 걸었던 전설적인 영업왕 빌 포터. 그의 감동적인 이야기는 2002년 〈도어 투 도어〉라는 영화로 만들어졌다. 일본에서는 2009년 〈도어 투 도어: 나는 뇌성마비 톱 세일즈맨〉이라는 드라마로 만들어지기도 했다. 수많은 사람에게 감동을 준 그가 말한다.

"중대한 결정만이 삶을 변화시키는 것은 아닙니다. 사실 우리 삶을 변화시키는 것은 우리가 내리는 사소한 결정입니다. 한 번 더 웃어주고 손을 흔들어주고 아픈 친구에게 전화해주는 등 작은 행동이 삶에 큰 변화를 가져다줍니다. 저와 마찬가지로 당신에게도 다른 사람들에게 좋은 영향을 줄 기회가 주어졌습니다. 그것은 바로 최선을 다해 자신에게 주어진 삶을 살아가는 것입니다. 사람들은 제가 수천 명의 삶에 영향을 주었다고 말하지만 그분들이야말로 제게 큰 도움을 주셨습니다. 그 모든 분에게 감사드립니다. 자신이 과연 삶을 변화시킬 수 있을지 망설이는 분들에게 저는 이렇게 말씀드리고 싶습니다. 그럼요, 당연히 당신도 할 수 있습니다."

"성공한 사람과 실패한 사람 사이의 궁극적인 차이
는 인내다."

영국의 사회비평가 존 러스킨의 말이다. 세상만사
가 자신의 마음대로 풀리지 않을 때는 좌절하거나 포
기하기 마련이다. 하지만 이대로 주저앉으면 안 된다.
인생은 꿈을 가진 자가 성공하는 것이 아니라 포기하
지 않는 자가 성공한다.

전북 완주에 사는 차사순 할머니는 어려운 가정 환
경 때문에 초등학교를 졸업한 뒤 결혼해서 남편과 농
삿일을 하며 살았다. 할머니에게는 가슴속 깊이 간직
한 꿈이 하나 있었다.

'언젠가는 내가 직접 운전을 해서 귀여운 손자들을
데리고 동물원에 가고 싶다.'

할머니는 첫 운전면허 필기시험에 25점이라는 형편없는 점수를 받았지만 꿈을 버리지 않았다. 그 후로 주말과 국경일을 제외하고 거의 매일 운전면허시험장을 찾아 시험을 치렀지만 2종 보통면허 합격선인 60점을 넘지 못했다. 그렇게 몇 년이 흘렀고 필기시험에 949번째 떨어진 후 950번째 시험에 합격했다. 그리고 드디어 실기시험을 포함해 960번의 도전 끝에 면허증을 손에 넣었다. 할머니의 이 같은 도전 정신은 국내뿐만 아니라 해외 언론에도 소개되었다.

저명한 물리학자 마리 퀴리는 "우리는 인내를 가져야 하고 무엇보다도 스스로에 대한 확신을 가져야 한다. 우리는 무엇인가에 재능이 있고 일이 이루어질 것이라고 믿어야 한다"라고 했다.

중대한 결정만이 삶을 변화시키는 것은 아닙니다.
사실 우리 삶을 변화시키는 것은
우리가 내리는 사소한 결정입니다.

평균에 만족해서는
아무것도 이룰 수 없다

미국의 전설적인 농구 코치 켄 카터

"카터, 자네가 농구팀을 맡아주어야겠네."

실업자와 이주민, 결손 가정이 모여 사는 가난한 도시 리치먼드의 한 스포츠용품점에 초로의 남자가 흑인 주인을 향해 말했다.

"교장 선생님, 전 지금의 생활에 만족합니다. 신경 쓸 일도 없고 벌이도 괜찮고요."

"그래도 자네는 우리 리치먼드 고교 농구팀의 에이스였잖나."

"다 지난 일입니다. 이제는 스포츠용품을 파는 가게 주인일 뿐이죠."

"자넨 소식도 못 들었나? 우리 학교는 4년째 꼴찌야. 이겨본 지가 언제인지 기억도 나지 않아. 이럴 때일수록 자네가 나서야 하네. 내 제안을 진지하게 생각해보게. 예전의 영광과 명성을 자네 손으로 되찾아올 수 있는 절호의 기회야."

교장 선생님이 떠난 후 켄 카터는 가게에 앉아 생각에 잠겼다. 리치먼드 고교 농구팀의 부진한 소식은 그도 잘 알고 있었다. 소식을 들을 때마다 옛날 생각도 났고 무엇보다 울화통이 터졌다.

"우리가 어떻게 해서 쌓은 명성인데…."

카터의 아들 또한 농구 선수였다. 다행히 환경이 열악한 리치먼드 고교는 아니었다. 시설도 좋고 성적도 좋은 사립 학교에 다녔다. 하지만 공부도 못 하고 농구도 그저 그런 아들이 걱정되었다. 아들은 언제부터인가 자신의 말에는 귀를 기울이지 않았다. 며칠 동안 고민을 거듭하던 카터는 교장 선생님에게 전화를 걸었다.

"제가 맡아보겠습니다."

"현명한 선택이네, 카터."

"대신 조건이 있습니다. 제 교육 방침에 대해서는 일절 간섭하지 않으셨으면 좋겠습니다."

"여부가 있겠나. 오늘부터 리치먼드 농구팀의 선장은 자네일세.”

“그럼 월요일부터 출근하겠습니다.”

“꼭 우승을 이끌어주게나. 옛날처럼 말일세.”

출근 첫날 켄 카터는 농구팀을 불러 모았다. 농구 유니폼을 입었지만 얼굴과 행동은 흡사 동네에서 흔히 볼 수 있는 불량배 같았다. 자세도 삐딱하고 열의도 없어 보였다.

“난 켄 카터다. 오늘부로 너희를 코치할 거다. 나와 함께 생활하다 보면 저절로 알겠지만 내가 너희에게 가르치는 것은 농구뿐만이 아닐 거다.”

여기저기서 웅성거리는 소리가 들렸다.

“오늘부터 세 가지 룰을 꼭 지켜야 한다.”

카터는 칠판으로 다가가 분필로 꾹꾹 눌러쓰기 시작했다.

1. 수업받을 때 맨 앞자리에 앉을 것.

2. 경기장에는 넥타이에 정장 차림으로 나올 것.

3. C^+ 이상의 학점을 받을 것.

다시 여기저기서 웅성거리는 소리가 들렸다.

“제장. 농구부가 무슨 공부야!”

"대단한 코치님 한 명 나셨네. 코치 머리통부터 골대에 넣어야겠네."

"하하하."

웃음이 체육관 안에 퍼졌다.

"조용히 해! 나는 너희가 농구를 잘하는 것, 그 이상의 것을 원한다."

"공부는 안 하면 그만이죠. 전 때려죽여도 C$^+$ 학점은 자신이 없어요. 아니 관심이 없죠. 그래도 농구는 좋아요. 근데 경기장에 올 때 넥타이에 정장 차림이라뇨?"

"자네 이름이 뭔가?"

"샘입니다."

"샘, 자네는 오늘부터 공부를 해야 할 거야. 내가 그렇게 만들 테니깐. 그리고 농구를 좋아한다는 녀석이 만날 꼴찌만 하다니 실력이 나쁜 거야, 머리가 나쁜 거야?"

"그건…."

"내게 변명 따윈 필요 없어. 그리고 정장 차림으로 오라고 한 것은 너희가 '교육을 받기 위해 나 스스로 아주 진지한 마음가짐을 갖고 있다'라는 메시지를 보여주라는 뜻이다. 그리고 오늘 이 순간부터 동료 간에도 말끝에는 '서Sir'란 경칭을 붙이도록 한다. 선배고 후배고 상관없다. 진정한 승자는 남을 생각하고 겸손하다. 승자는 팀워크에서 실력이 나온다는 사실을 알고 있다. 너희도 오늘부터 그걸 알아야 해."

여기저기서 반발의 소리가 들려왔다. "젠장! 더러워서 농구 못 하겠네." "여기가 무슨 군대야!" 몇몇은 농구장 문을 박차고 나갔다. 카터는 그들의 행동을 물끄러미 지켜봤다.

다음 날 학생들이 농구장에 왔을 때 출입구가 자물쇠로 꽁꽁 채워져 있었다.

"이제 별짓을 다 하는구먼."

"제법 고집이 있는 코치인데."

소식을 들은 교장과 선생님, 학부모가 몰려왔다. 학생들과 학부모들의 거친 항의에도 켄 카터는 눈썹도 까딱하지 않았다.

"내 룰을 따르지 않는 사람은 단 한 명도 이 연습장에 들어갈 수 없어!"

학생들은 어쩔 수 없이 카터의 룰에 따르기로 했다. 교장 선생님의 제안을 수용했을 때 카터는 마음속에 두 가지 목표를 세웠다. 하나는 4년째 최하위 팀에 머무는 농구팀을 정상으로 이끄는 것. 또 하나는 목표도 없이 방황하는 농구부 아이들이 지금보다 더 나은 삶을 살아갈 수 있도록 제대로 교육하고 졸업시켜 대학에 진학시키는 것. 카터는 첫 번째 목표를 달성하기 위해 혹독한 훈련을 시키고 규율을 따르도록 가르쳤다.

"코치가 아니라 저승사자야!"

"젠장, 전학을 하든지 해야지."

"그래도 팀워크가 단단해지고 있는 것은 사실이야."

카터의 코치에 아이들은 점점 적응이 되어갔다. 지각하는 학생들에게 팔굽혀펴기 200회, 농구 코트 1000번 돌아 뛰기 등의 벌칙도 주저하지 않았다.

시합 성적도 점점 올라갔다. 문제는 두 번째 목표였다. 아이들의 공부 성적은 예전과 같이 꼴찌에 머물렀다. 카터는 다시 연습장 문을 자물쇠로 잠갔다. 이 희대의 사건은 지방 신문에서 시작해 전국 언론사로 퍼져 논란의 대상이 되었다. 하지만 카터는 아랑곳하지 않았다.

─나를 찾으려면 도서관으로 올 것. 켄 카터.

참다못한 농구팀의 학부모들이 단체로 그에게 항의하러 도서관으로 향했다. 카터는 도서관에 앉아 역사책을 읽고 있었다. 성질 급한 한 부모가 그에게 다가가 물었다.

"농구 하는 학생이 공부가 왜 필요합니까? 대학 갈 것도 아닌데."

"어머님, 지금 우리 학교 성적으로는 졸업하고 나서도 받아줄 팀이 없습니다. 프로는 고사하고 아마추어팀도 없습니다. 그럼 아이들은 어떻게 될까요?"

"…."

"여기 리치먼드는 범죄가 우글거리는 곳입니다. 학교를 졸업하는 것보다 전과자가 될 확률이 더 높지요. 거리에서 총에 맞아 사망하는 일도 다반사입니다. 어머님도 이 지긋지긋한 가난에서 벗어나고 싶지 않으세요? 어른들이 아무도 기대하지 않고 희망을 주지 않기 때문에 아이들은 주변 환경에 적응해 마약을 팔러 다니고 인생을 망칩니다."

"그렇지만…."

"아이의 미래를 생각하세요. 전 녀석들을 전부 대학에 보낼 겁니다. 부상이나 다른 사정으로 농구를 하지 못한다고 해도 사회에 나가서 당당한 직업을 가지고 당당한 마음으로 살 수 있게 할 겁니다."

"하지만 대학은 등록금이…."

"그건 걱정 마십시오. 녀석들에게는 농구라는 커다란 무기가 있으니까요. 농구는 흑인에게 단순한 스포츠가 아닙니다. 어쩌면 가난에서 벗어날 수 있는 유일한 출구일지도 모릅니다. 반드시 좋은 성적을 거두어 특기생으로 입학할 수 있도록 하겠습니다. 그러니 저를 믿고 아드님이 좋은 성적도 내고 농구도 할 수 있게 도와주세요."

이후 리치먼드 고교 팀은 16연승이라는 놀라운 성적을 거두었다. 4승 22패로 4년 연속 꼴찌를 했던 팀으로서는 대단한 성적이었다. 팀은 주 챔피언 결승전에도 올랐다.

카터는 한 인터뷰에서 이렇게 말했다.

"제가 아이들에게 강조한 철학은 딱 두 가지입니다. 하루 1%씩만 좋아지도록 노력하라. 그럼 100일 뒤에는 100%가 향상된다. 그리고 평균에 만족하지 말라. 평균에 만족해서는 아무것도 이룰 수 없다."

카터는 2000년 '캘리포니아주 최고의 코치상'을 받았다. 〈시티플 라이트 뉴스 매거진〉으로부터 그해 스포츠 부문 '가장 영향력 있는 흑인 미국인 10명'에 선정되기도 했으며, 2005년에는 사무엘 잭슨 주연의 영화 〈코치 카터〉가 제작되어 미 박스 오피스 1위를 차지하기도 했다.

자신의 신념과 생각을 굽히지 않았던 카터는 어려운 환경에 놓인 학생들의 학업을 돕는 '켄 카터 코치 재단'을 설립할 만큼 미국 교육계의 영향력 있는 인사가 되었다.

멘토는 당신과 가까운 곳에 있다

멘토라는 단어는《오디세이아》에 나오는 오디세우스의 충실한 조언자 이름에서 유래했다. 오디세우스가 트로이 전쟁에 출전하면서 집안일과 아들의 교육을 그의 친구인 멘토에게 맡긴다. 무려 10여 년 동안 멘토는 친구, 선생, 상담자, 때로는 아버지가 되어 그를 잘 돌보아주었다. 이후로 멘토라는 그의 이름은 지혜와 신뢰로 한 사람의 인생을 이끌어주는 지도자와 동의어로 사용되었다.

하지만 멘토의 진정한 의미는 나를 세상 속으로 당당하게 나아가게 돕는 사람이다. 내 재능을 키워주고 아껴주고 격려해주는 사람. 내 가치를 나보다 더 잘 알고 늘 기도해주는 사람. 당신은 그런 멘토가 있는가? 멘토를 멀리서 찾으려고 하지 마라. 멘토는 TV나 책에 있지 않다. 당신은 이미 부모님이라는 훌륭한 멘토를 가지고 있다.

하루 1%씩만 좋아지도록 노력하라.
그럼 100일 뒤에는 100%가 향상된다.
그리고 평균에 만족하지 말라.
평균에 만족해서는 아무것도 이룰 수 없다.

인생은 길어야 백 년이다

평생을 바쳐 천리포수목원을 가꾼 민병갈

"이렇게 아름다운 곳이 있다니!"

스물다섯 살의 칼 밀러 중위는 인천 제물포항에 내려 주위를 둘러보았다. 얼마 전까지 근무했던 일본 오키나와와는 전혀 다른 분위기였다. 무엇보다 하얀 옷을 입고 활기차게 돌아다니는 사람들의 얼굴에서 친근함이 엿보였다.

"마치 고향에 돌아온 기분이군."

때는 1945년 9월 8일, 해방 직후였다. 미국 펜실베이니아주 태생으로 버크넬 대학에서 화학을 전공한 칼 밀러는 러시아어와 독일어를 할 줄 알았고 취미 삼아 한자를 배우기도 했다. 콜로라도 대학의 해군정보학교에서 일본어까지 섭렵한 그는 오키나와에서 미군 사령부의 통역 장교로 근무하다 한국으로 배치되었다.

"자네의 임무는 쫓겨가는 일본인들의 재산 반출을 막는 것이네."

"네, 최선을 다해서 막아보겠습니다."

칼 밀러는 맡은 임무 때문에 일본인들이 이 땅에서 저지른 죄악이 얼마나 큰지 알 수 있었다. 36년의 일본 강점기 동안 고통받았을 이 땅의 주인들을 생각하니 가슴이 저렸다. 미국의 작은 광산 마을에서 자란 어린 시절이 떠올랐다. 그 역시 가난하고 힘든 시절을 보냈다. 2남 1녀 중 장남으로 태어난 그는 열다섯 어린 나이에 아버지의 임종을 지켜봐야 했다.

한국에서의 군 복무를 마친 칼 밀러는 다시 미국으로 돌아갔다. 하지만 몇 개월도 채 되기 전에 그의 머릿속에는 한국의 자연과 사람들의 모습이 자꾸 나타났다.

'내 마음이 자꾸만 한국으로 가라고 하네. 이건 운명일 거야. 가자, 한국으로. 내가 해야 할 일이 거기 있을 거야.'

그는 다시 한국으로 건너와 한국은행에 지원서를 냈다.

"미국에서 전쟁 영웅 대접을 받으며 편안하게 사셔도 될 텐데 굳이 다시 한국으로 온 이유라도 있습니까?"

면접관이 서류를 살펴보며 의아하다는 듯이 물었다.

"저도 그게 궁금합니다. 왜 자꾸만 한국이 저를 부르는지를. 저는 그저 제 생각과 마음이 시키는 대로 온 것뿐입니다. 한국은행이 지금보다 더욱 성장하기 위해서는 제 경험이 도움이 될 겁니다. 전 영어, 러시아어, 일본어, 한국어 등이 다 가능합니다."

면접관은 그렇지 않아도 그에게 군침을 흘리던 중이었다.

"뭐 특별한 근무 조건이라도 있습니까?"

"제 조건은 단순합니다. 미국에 홀로 계신 어머니를 정기적으로 만나러 가야 합니다. 그 휴가를 보장해주십시오."

효자였던 칼 밀러는 한국은행에 근무하면서 휴일을 이용해 등산했다. 그가 최초로 오른 산은 서울의 남산이었다. 근무지에서 가까운 남산은 그에게 알맞은 산책 코스였다. 무엇보다 서울 시가가 한눈에 내려다보이는 게 인상적이었다.

남산에서 그는 유서 깊은 고도의 전경을 마음껏 즐겼다. 그렇게 이어진 산행은 북한산, 치악산, 오대산, 속리산, 지리산까지 이어졌고 한라산까지 섭렵하는 계기가 되었다. 어렵게 울릉도에 갔을 때는 군수가 직접 마중 나오기도 했다.

"울릉도가 생긴 이래 외국인 손님은 처음입니다."

군수는 소를 잡아 마을 잔치를 베풀었다.

이렇게 한국의 산하를 여행하던 그는 전쟁으로 민둥산이 된 모습에 안타까워했다.

'이렇게 산이 많은 나라에 나무가 별로 없다니 안타까운 일이야.'

그런데 이상한 점을 하나 발견했다. 아무리 헐벗은 산이라도 절이 있으면 그 주변에는 나무가 많다는 사실이었다.

'절 때문에 한국의 나무들이 이렇게 번성할 수 있었구나.'

칼 밀러는 스님들과 친하게 지내며 순우리말 나무 이름과 풀 이름을 배웠다. 어학 실력이 남달랐던 그에게는 어려운 일이 아니었다.

칼 밀러의 운명을 바꿔놓은 것은 어느 무더운 여름이었다. 휴가를 맞은 그는 직장 동료들과 함께 만리포해수욕장을 찾았다. 서해 낙조가 일품이고 인심도 좋은 곳이었다. 점심 식사를 마친 그는 이웃에 있는 천리포로 산책을 나섰다. 그때 평소 안면 있던 노인이 그의 앞에 섰다.

"아이쿠 선생님, 오늘도 산책길에 나섰습니까?"

"만리포는 언제 와도 기분이 맑아지는 곳입니다."

"사실 한 가지 청이 있어 이렇게 찾아왔습니다. 제게 과년한 딸이 하나 있습니다. 이번에 결혼하게 되었는데, 제가 가진 거라고는 산과 조그만 땅밖에 없습니다. 싸게 드릴 테니 제 야산을 사주실 수 없겠는지요? 이 늙은 아비의 마지막 소원입니다."

"사정은 알겠지만 제가…."

그때 문득 칼 밀러의 머리를 스치고 지나가는 것이 있었다.

"땅이 총 몇 평인지요?"

"6000평입니다. 평당 200환씩 쳐서 120만 환 정도만 주십시오."

"좋습니다. 제가 사지요."

칼 밀러에게 그만한 돈은 있었다. 그는 언제부터인가 만리포 근처에 별장을 갖고 싶었고, 무엇보다 나무를 많이 심고 싶었다.

'어쩌면 이것일지도 몰라. 내가 한국을 찾은 이유는.'

칼 밀러가 땅을 샀다는 사실은 금세 소문이 났다. 여기저기에서 자신의 땅을 사달라고 사람들이 몰려왔다. 그의 땅은 어느새 1만 9000평으로 늘어났다.

칼 밀러는 서울에서 실어온 낡은 기와로 천리포에 집을

지었다. 그리고 본격적으로 나무 심는 작업에 몰두했다. 하지만 난관이 있었다. 구입한 야산이 척박한 토질인 데다 황량한 모래밭이었던 것. 자갈밭을 헤치고 땅을 파면 모래흙이나 염분 섞인 황토가 나오기 일쑤였다. 나무가 자라기에는 좋지 않은 상태였다.

하지만 칼 밀러는 포기하지 않았다. 이 척박한 땅에 나무를 심고 싶었다. 미군의 도움을 받아 미군 트럭으로 서울에서 가져온 묘목을 심고 물을 주기 시작했다. 처음에는 아담한 자연 농원을 꿈꾸던 그의 생각도 바뀌었다.

'세계에서 가장 아름다운 수목원으로 만드는 거야.'

어느새 땅은 10만 평에서 15만 평으로 늘어나 있었다. 제대로 된 수목원 조성을 결심한 칼 밀러는 전문가들과 함께 자연 입지를 조사한 결과 놀라운 사실을 알았다.

"천리포 일대는 토양은 척박해도 기후 조건이 좋습니다. 같은 위도보다 따뜻한 해양성 기후이기 때문에 다양한 식물이 자랄 수 있는 좋은 환경이지요."

촌로의 간청에 못 이겨 우연히 산 땅이 천혜의 자연환경을 갖춘 곳이라니, 그에게는 커다란 행운이었다.

이 무렵 그는 한국 이름을 가지고 싶어 했다.

"나는 한국에서 죽어야 할 운명인 것 같습니다, 하하. 제게도 번듯한 이름이 필요합니다."

당시 한국은행 총재였던 민병도閔丙燾의 성이 자신의 성 '밀러'의 첫 발음과 비슷한 것에 착안해 이를 따르기로 했다. 이름의 마지막 자 '갈葛'은 자신의 영어 이름 '칼'에서 따왔다. 그렇게 해서 그의 이름은 민병갈이 되었다.

'나무에 대해 더 공부해야겠어.'

민병갈은 학자들과 전문가들을 찾아 나무에 대해 배우기 시작했다. 타고난 독서광이었고 어학의 귀재였던 칼 밀러는 《대한식물도감》을 수십 번이나 읽었다.

"나는 수많은 제자를 가르쳤지만 민 원장처럼 열심히 공부하는 사람은 처음 봤습니다. 나의 저서 《대한식물도감》을 얼마나 많이 읽었는지 책이 닳아 더는 글씨를 볼 수 없을 정도였습니다. 화장실에도 책을 들고 가는 것을 봤어요. 당시 40대인데도 젊은 학생들 못지않은 학습 진도를 보이더군요. 전문 서적인데도 읽는 속도와 이해가 믿어지지 않을 만큼 빨랐어요. 특히 기억력이 뛰어나 까다로운 식물 이름들을 거의 다 외우는 것을 보고 놀랐습니다."

훗날 이창복 박사는 한 인터뷰에서 이렇게 말했다.

민병갈이 된 그는 한국 귀화를 신청했다. 자신이 태어난 미국보다 두 배 이상 오래 산 곳이 진정한 그의 고향이었다.

외국인으로는 최초로 주민등록증을 받은 1호 귀화인이 된 민병갈은 미국에 홀로 있는 어머니를 모시러 갔다.

"어머니, 저와 함께 한국에서 살아요."

어머니는 그의 귀화에 반대했지만, 아들의 뜻을 꺾지 못했다. 한국으로 건너온 어머니는 아들이 일구어놓은 어마어마한 수목원과 기와집을 보고 놀라움을 감추지 못했다.

"이… 이게 전부 네가 만든 거니?"

"네, 어머니. 제가 결혼도 하지 않고 평생 일군 곳이에요. 이제 이곳에서 저와 함께 행복하게 살아요."

어머니는 집 앞에 있는 나무들과 신기한 꽃들에 매료되었다. 특히 목련을 좋아했다. 라스베리 펀, 스타워즈, 볼카나 등의 목련을 볼 때마다 신기한 기분이 들었다. 어머니는 아들이 마냥 대견스럽고 자랑스러웠다. 하지만 죽음은 누구도 막을 수 없었다. 어머니는 백수를 넘게 장수했지만 101세의 나이로 세상을 떠났다. 그날부터 민병갈은 아침마다 목련을 찾아가 아침 인사를 했다.

"굿모닝, 맘!"

어머니가 세상을 떠난 슬픔으로 민병갈은 무척 수척해졌고 말수도 줄어들었다. 혼자 있는 시간도 많아졌으며 청력도 나빠졌다. 그가 아버지처럼 따랐던 유한양행의 유일한 박사는 그가 걱정되어 수시로 천리포수목원을 찾았다.

한일 월드컵을 앞둔 2002년 4월 11일 민병갈은 세상을 떠났다. 향년 82세. 말년에 한 기자가 그에 물었다.

"왜 결혼하지 않으셨습니까?"

"아마 결혼했으면 천리포수목원을 완성하지 못했을 거예요."

"한국에 살면서 가장 슬펐던 것과 기뻤던 것은 무엇입니까?"

"김치를 못 먹는 게 가장 슬펐습니다. 햇빛에 반짝이는 나뭇잎 속을 걸어갈 때, 목련꽃이 화사한 아름다움을 뽐낼 때 가장 행복했습니다. 저는 한국의 자연과 결혼했습니다."

그가 평생을 바쳐 일군 충남 태안군 소원면 의항리 '천리포수목원'은 18만 평 규모에 413종의 목련꽃을 비롯해 6500여 종의 나무가 자라고 있다. 또한 국내 31개 수목원 가운데 가장 많은 9730여 종의 식물 자원을 보유하고 있으며 2000년에는 세계에서 12번째, 아시아에서는 최초로 국제수목학회로부터 '세계의 아름다운 수목원'으로 선정되었다. 학계에서는 "세계 식물 지도에 한국이 편입된 데는 민병갈 씨의 공이 컸다"라고 평가했다.

한국인보다 한국을 더욱 사랑했던 칼 밀러, 아니 민병갈은 죽기 직전에 금탑산업훈장을 받았지만 투병 중이라 양아들이 대리 수상했다. 그는 죽기 직전 이런 유언을 남겼다.

"내가 죽더라도 묘지를 만들지 마라. 그 땅에 나무 한 그루를 더 심어라."

그리고 이런 말도 남겼다.

"인생은 길어야 100년이지만 나무는 1000년까지 삽니다. 나는 적어도 300년은 내다보고 수목원을 시작했습니다. 내가 죽은 뒤에도 자식처럼 키운 천리포 나무들은 몇백 년을 더 살며 내가 제2의 조국으로 삼은 한국에 바친 마지막 선물로 남기를 바랍니다. 내가 평생을 바쳐 나무를 가꾸면서 깨달은 것은 수목원 사업은 영원한 미완성이라는 것입니다."

민병갈은 대한민국 국민에게 커다란 선물과 미래 유산을 안겨주고 떠났다. 그가 평생을 가꾸고 일군 천리포수목원은 대한민국 국민의 안식처이자 커다란 자랑으로 남았다.

평생을 자기 생각과 의지대로 살았던 그의 수목원은 사계절마다 다른 풍경을 자아내는 꽃과 나무로 가득하다. 마치 한 사람의 혼이 깃든 것처럼 자연 속에 또 다른 자연이 숨어 있는 듯하다.

한 우물을 파되 물이 나올 때까지 파라

2004년 아테네올림픽 은메달에 어어 2008년 베이징올림픽에서 자신의 최고 기록을 세우며 금메달을 목에 건 장미란. 얼굴과 몸매가 최고 관심사인 여성에게 역도는 치명적인 운동이다. 하지만 그녀의 손을 본 적이 있는가? 발레리나 강수진의 발 못지않게 밉상을 하고 있지만 장미란은 그 미운 손으로 대한민국 국민에게 감동과 기쁨을 안겨주었다. 보통 남자들보다 훨씬 크고 군데군데 굳은살이 딱딱하게 박혀 있지만, 어느 언론의 표현처럼 장미란은 '세상에서 가장 아름다운 손을 가진 여자'이다.

하지만 장미란에게도 아픔이 있었다. 그녀의 몸매를 두고 일부 무개념 네티즌이 '올림픽 금메달은 땄지만, 시집은 못 갈 것 같다' 등의 공격을 했다. 그녀는 한 토크쇼에 나와 자기 생각을 말했다.

"또래 여자들이 화장할 때 난 송진 가루를 묻혔고, 그들이 다이어트를 할 때 난 야식을 먹어야만 했습니다."

그런 장미란에게 역도는 삶의 큰 기쁨이자 원동력이었다. 역도를 할 수 있다는 사실에 늘 감사하며 겸손했다.

"역도는 나에게 많은 변화를 안겨줬고 많은 것을 선물해줬습니다. 내 인생에서 바벨을 들 날이, 들지 않을 날보다 짧은 것은 사실이지만 언제 이렇게 한 가지에만 집중하며 인생을 살 수 있겠습니까?"

내가 죽더라도 묘지를 만들지 마라.
그 땅에 나무 한 그루를 더 심어라.

2부

내가 바뀌지 않으면
아무것도 바뀌지 않는다

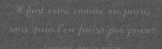

Il faut vivre comme on pense,
sans quoi l'on finira par penser
comme on a vécu.

인생은 죽을 때까지
도전의 연속이다

무일푼으로 갑부의 꿈을 이룬 록키 아오키

"나는 기필코 챔피언이 되겠다."

아오키 히로아키는 거울을 보며 큰 소리로 외쳤다. 그리고 그의 발걸음은 사진관으로 향했다. 미국에서 열리는 세계 아마추어 레슬링 대회에 참가하기 하루 전이었다. 그는 준비해온 레슬링 유니폼을 입은 채 미국과 일본 국기를 양옆에 걸었다. 그러고는 다시 큰 소리로 외쳤다.

"드디어 나는 우승했다!"

그의 표정과 목소리에 자신감이 묻어났다. 마치 금메달을 따고 나서 시상대에 오른 선수의 모습 같았다. 사진사는 그런 아오키가 그저 우습고 귀엽기만 했다. 아오키는 일본의 명문 게이오 중고등학교를 졸업하고 게이오 대학 경제 학부에 입학했다. 어린 시절부터 스포츠를 좋아하고 모험심이 강했던 그는 레슬링부에 들어갔다. 그리고 1959년 일본 대표로 뽑혀 미국 땅을 처음으로 밟았다.

드디어 대회가 시작되었다. 각국에서 참가한 학생들의 실력은 만만하지 않았다. 아오키는 매 경기 최선을 다해 임했다. 결승전에서는 하마터면 상대편의 기술에 걸릴 뻔했지만, 그의 머릿속에는 거울을 보고 다짐했던 생각과 우승의 순간을 찍은 사진이 있었다.

'나는 분명히 우승했어. 이 고비는 단순히 회상일 뿐이야.'

경기가 끝났음을 알리는 벨이 울렸다. 시상대에 오른 그의 목에는 금메달이 걸려 있었다. 이루 말할 수 없는 기쁨이 몰려왔다.

'아리스토텔레스가 말했지. 머릿속으로 자신이 바라는 것을 생생하게 그리면 온몸의 세포가 모두 그 목적을 달성하는 방향으로 조절된다고. 앞으로 내 인생은 내가 생각하는 대로 돌아갈 거야.'

아오키는 그날 중대한 결심을 코치에게 털어놓았다.

"저는 일본으로 돌아가지 않겠습니다. 미국에 남아 돈을 벌어 부자가 될 거예요."

"이봐, 아오키. 자네는 영어도 잘 못 하고 미국에 아는 사람도 없지 않은가. 게다가 자네는 무일푼일세. 자네의 마음은 잘 알겠네만 좀 더 준비하고 다시 오는 게 어떻겠나?"

"전 인생이 생각하는 대로 만들어진다고 생각합니다. 내생각이 나를 만드는 동안 내 인생도 그대로 진행된다고 믿습니다. 이 땅에서 당당히 제 꿈을 펼쳐보고 싶습니다."

코치는 더는 그를 말릴 수 없었다. 한 번 하겠다고 마음먹은 일은 반드시 해야만 직성이 풀리는 사람, 그가 바로 아오키 히로아키였다.

아오키는 돈을 벌기 위해 닥치는 대로 일하기 시작했다. 영어가 중요하지 않은 식당의 접시 닦기부터 정원사까지 주로 막노동을 했다. 뉴욕 시립대학 시티 칼리지CCNY에 입학한 그는 레스토랑 경영학을 공부하기 시작했다.

'언젠가 멋진 레스토랑의 사장이 될 테야.'

영어 공부도 열심히 했다. 틈나는 대로 미국인들을 만나수다를 떨기 시작했다. 그리고 틈틈이 장사하는 사람들을 유심히 지켜봤다.

어느 날 퇴근길에 세계에서 가장 비싸다는 롤스로이스자동차를 봤다. 그는 차 주인에게 부탁해서 자기 차인 것처럼 운전대를 잡고 사진을 찍었다.

"이 차를 꼭 가지고 말 거야!"

아오키는 힘들 때마다 지갑 속에서 그 사진을 꺼내 보며 외쳤다. 놀랍게도 6개월 뒤에 그는 롤스로이스를 구입하게 되었다. 그의 성실함에 반한 부잣집 딸이 선물로 준 것이다.

기적은 계속되었다. 뉴욕 할렘에서 시작한 이동식 아이스크림 가게가 대히트를 쳤다. 화산을 이미지화한 아이디어가 흑인들에게 큰 호응을 얻은 것이다. 돈이 점점 쌓여갈 무렵 반가운 소식이 들려왔다. 레슬링 전미선수권대회가 열린 것. 아오키는 주저하지 않고 대회에 참가했다. 1962년부터 1964년까지 그는 자유형과 그레코로만형에서 세 차례나 우승하는 기염을 토했다. 이러한 성과 덕분에 1964년 미국 대표로 도쿄올림픽에 참가하게 되었다. 그에게는 로마올림픽에 이은 두 번째 올림픽 출장이었다. 하지만 미국 레슬링협회로부터 청천벽력 같은 소식이 전해졌다.

　　―아오키는 미국 시민권이 없으므로 미국 대표 선수로
　　발탁할 수 없음.

아오키는 절망하지 않았다. 대신 미국 시민권을 따기 위해 최선을 다했다. 그는 또 한 장의 사진을 찍었다. 뉴욕에서 가장 잘나가는 레스토랑이었다.

'나는 이보다 더 멋있는 레스토랑을 차릴 거야.'

아오키는 매일 그 사진을 보며 꿈을 키워나갔다. 문제는 자금이었다. 레스토랑을 차리기 위해서는 2만 달러의 자금이 필요했는데, 그의 수중에는 1만 달러밖에 없었다. 보증인도 담보도 없었다. 그는 무작정 은행을 찾아갔다. 1만 달러의 예금 통장과 자신의 사업 계획을 열정을 다해 설명했다. 지갑 속에 있던 사진도 꺼냈다.

"전 앞으로 5년 안에 이보다 더 멋진 레스토랑의 사장이 될 거예요. 그때는 주거래 은행을 이곳으로 할게요. 제 인생에 투자해주세요. 결코 밑지는 장사는 아닐 겁니다."

열의에 감동한 은행장은 아오키의 미래와 자신감을 담보로 융자를 해주었고, 그는 뉴욕 56번가에 레스토랑을 차렸다. 레스토랑의 이름은 베니하나였다. 일본어로 '붉은 꽃 紅花'이라는 뜻이었는데, 니혼바시와 긴자에서 레스토랑을 하던 부모님의 가게 이름을 따온 것이었다. 마침내 시민권을 획득한 아오키는 부모님과 형제들을 미국으로 불러들였다. 베니하나는 주 고객을 일본 사람이 아닌 미국인으로 삼았다.

"미국에서 성공하려면 이들의 입맛에 맞춰야 해."

메뉴는 쇠고기, 치킨, 생선 등의 철판구이로 미국인이 좋아하는 음식을 주로 만들어 팔았다. 대성공이었다. 잠시 서울에도 분점이 있었던 철판구이 레스토랑의 원조 베니하나는 이렇게 태어났다.

유머가 많았던 배우 출신의 아버지 덕분에 철판 요리점은 금세 소문이 났다. 아버지가 철판 앞에서 각종 신기하고 놀라운 묘기를 펼쳐 매스컴에서 취재하느라 줄을 섰고, 힐튼호텔의 회장이 직접 사업 제휴를 맺기 위해 가게를 찾기도 했다. 그 후 미국에서만 80여 개의 베니하나를 세웠고 전 세계적으로 120여 개의 체인점을 구축하는 대성공을 거두었다.

아오키의 성공 뒤에는 3년 동안 철저하게 준비한 그의 전략과 체계적인 분석이 있었다. 그는 미국인은 이국적인 분위기에서 식사하기를 즐기지만, 반대로 이국적인 음식은 불신한다는 점을 알았다. 또 미국인은 음식이 준비되는 과정을 구경하는 걸 매우 즐긴다는 것도 알았다.

그리하여 베니하나는 이국적인 분위기에서 음식이 준비되는 과정을 구경하는 걸 즐기는 사람들을 목표 시장으로 삼았다. 베니하나는 지금까지 어떤 레스토랑 서비스업자도 시도하지 않았던 일을 했다. 음식점에서만 보여줄 수 있는 쇼를 함으로써 고객들에게 재미를 주었다.

"베니하나에 가면 즐거운 마음으로 식사를 할 수 있다."

이러한 콘셉트는 다른 레스토랑과 확실한 차별화를 가능하도록 해주었다. 소비자들의 마음속에 베니하나라는 레스토랑이 아주 재미있고 색다른 곳이라는 인식이 자리 잡게 되었다.

롤스로이스를 갖고 싶어 했던 가난한 청년은 롤스로이스를 비롯한 최고급 승용차 30여 대와 마이애미, 뉴욕, 캘리포니아, 뉴저지 등 미국 전역에 호화 저택을 갖게 되었다. 자기가 바라는 대상을 배경으로 사진을 찍어 간직했던 그의 꿈은 모두 실현되었다.

"〈록키〉는 마치 나를 위한 영화 같아."

그는 어느새 아오키 히로아키라는 이름보다 록키 아오키 Rocky Aoki라는 이름으로 불리었다. 그의 도전은 여기에서 끝나지 않았다. 1975년 서양 주사위의 전미 챔피언이 되었고, 1982년에는 4인승 기구 '더블 이글 V'를 타고 태평양을 횡단하는 모험가로 변신하기도 했다. 비즈니스 관련 서적도 여러 권 출판해 베스트셀러 작가가 되기도 했다.

2008년 7월 31일 합병증으로 숨을 거두었지만 그의 도전 정신과 모험심은 딸과 아들에게도 이어졌다. 아들인 스티브 아오키는 유명 DJ로 활동 중이며, 딸 데본 아오키는 슈퍼모델과 영화배우로 맹활약 중이다.〈DOA〉와〈워〉에서 조연을 맡은 것을 시작으로〈D.E.B.S〉에서는 당당히 주연을 맡았다. 특히 브루스 윌리스와 미키 루크, 제시카 알바와 함께 출연한〈신씨티〉에서 미호 역을 맡아 인상적인 연기로 세계인의 가슴을 설레게 했다.

록키 아오키는 자신의 성공 비결과 인생관을 이렇게 말했다.

"먼저 큰 꿈을 가질 것. 꿈을 실현하기 위한 수단을 철저히 생각할 것. 수단이 결정되면 죽을 각오로 실행할 것. 잊지 마라. 인생은 죽을 때까지 도전의 연속이다."

낯선 땅에서 무일푼으로 시작해 아메리칸드림을 이룬 록키 아오키는 지칠 줄 모르고 새로운 꿈을 꾸었던 사람이다. 그리고 그것을 실현시키기 위해 미리 사진을 찍고 철저한 분석과 마인드 컨트롤을 통해 목표에 한 발짝씩 다가갔다.

도전은 즐겁고 신나는 일이다. 우리 삶에 도전이 없다면 밋밋하고 재미없을 것이다. "믿음이 부족하기 때문에 도전하길 두려워하는 바, 나는 스스로를 믿는다"라는 무하마드 알리의 말은 그래서 가슴에 새겨둘 만하다.

꿈꿀 수 있는 권리를 포기하지 마라

여기 한 여자가 있다.

너무나 가난했던 여자는 결혼식도 올리지 않은 부모 사이에서 태어나 아홉 살 때 사촌 오빠에게 강간을 당해 깊은 상처를 입었다. 그 상처는 14세 때까지 계속되었으며 친척들의 모진 구박과 학대 속에 자랐다. 또 14세에 미혼모가 되었고 아기의 죽음을 지켜봐야 했다. 뚱뚱한 몸매의 흑인. 하지만 그녀는 불우했던 과거를 뛰어넘어 막대한 인기와 부를 이루었고 세계적으로 존경받는 방송인이 되었다. 그녀의 이름은 오프라 윈프리.

지금은 막을 내렸지만 전 세계적으로 인기를 끌었던 〈오프라 윈프리 쇼〉의 인기 비결은 그녀의 아픈 과거와 진솔한 고백 덕분이었다. 그리고 무엇보다 게스트들에 대한 배려와 시청자 편에 서서 이해하려고 노력했던 넓은 마음과 성실함이 있었다.

"인생의 승리자가 되려면 책임지는 사람이 되어야 합니다. 과거에 머물러서 그 과거가 지금 당신을 지배하도록 놔둔다면 결코 성장할 수 없습니다. 열정을 다해 살아가세요. 그렇지 않으면 아무 생각 없이 스쳐 지나갑니다. 그런 인생에는 목표도 열정도 없습니다."

당신이 어떤 꿈을 꾼다는 것은 그 꿈을 이룰 수 있는 길이 이미 시작되었다는 의미이다. 멈추지 말고 나아가라. 당신의 직관을 믿어라.

먼저 큰 꿈을 가질 것.

꿈을 실현하기 위한 수단을 철저히 생각할 것.

수단이 결정되면 죽을 각오로 실행할 것.

잊지 마라. 인생은 죽을 때까지 도전의 연속이다.

남들이 가지 않은 길에
과감하게 도전하라

스타벅스를 문화 공간으로 만든 하워드 슐츠

"부정적인 사람이 위대한 기업을 세울 수 없다는 것은 만고 불변의 진리다. 또한 부정적인 말을 듣고 큰일을 성취한 사람은 세계 어디에도 없다. 아무리 입증된 분야에서 증명된 아이디어라 할지라도 부정적인 사람의 손에 들어가면 99%가 아니라 100% 실패하게 되어 굴러 들어온 복도 차버리고 만다. 최고의 성과를 이루는 사람은 바로 남들이 가지 않은 길에 도전하는 사람이다."

스타벅스는 전 세계에서 가장 유명한 커피 체인점이다. 스타벅스를 오늘날처럼 커피숍의 대명사로 만든 사람은 하워드 슐츠. 1983년 봄 그가 스타벅스에 근무한 지 1년 정도

되었을 때의 일이다.

"밀라노에서 국제가정용품전시회가 열린다는 소식이야. 슐츠, 자네도 함께 가겠나?"

점장이 그렇게 이야기했을 때 슐츠의 마음은 이미 짐을 꾸리고 있었다. 그에게는 꼭 한 번 가보고 싶은 전시회였기 때문이다.

슐츠 일행은 이탈리아의 컨벤션센터 근처에 있는 작고 초라한 호텔에 짐을 풀었다. 시차 때문에 고단해진 슐츠는 금방 잠이 들었다. 다음 날 아침 호텔 밖으로 나오는 순간, 이탈리아 특유의 기운이 그를 감쌌다.

'으음, 여기가 바로 이탈리아구나.'

왠지 친근한 기분이 들었다. 하워드 슐츠의 발걸음은 어느새 사람들로 북적이는 밀라노 거리로 향하고 있었다. 이탈리아어를 한마디도 몰랐지만 문제 되지 않았다.

'하하하. 내가 말로만 듣던 패션의 도시 밀라노에 와 있다니, 꿈만 같구나.'

그때 작고 아담한 에스프레소 바가 눈에 들어왔다. 슐츠는 운명에 이끌린 듯 바로 들어갔다.

"봉지오노!"

종업원이 그를 향해 반갑게 인사를 건넸다. 슐츠는 자리에 앉아 에스프레소 한 잔을 시키고 종업원이 하는 행동을 유심히 지켜봤다. 유니폼과 앞치마를 잘 차려입은 종업원은 손님이 들어올 때마다 반갑게 인사했다. 그리고 커피를 만들면서 고객과 즐거운 대화를 나누고 있었다.

슐츠는 자리를 옮겨 또 다른 에스프레소 바에 갔다. 그곳은 이전 가게보다 훨씬 많은 사람으로 붐볐다. 무엇보다 단골들과 즐거운 대화를 나누는 바리스타의 모습이 인상적이었다. 그는 몇 개의 바에 더 들어가 봤다. 자신이 커피점에서 일하고 있어서인지 자꾸만 에스프레소 바에 눈길이 갔다.

하워드 슐츠는 활기 넘치고 독특한 개성을 자아내는 분위기와 정열적인 바리스타의 모습에서 이탈리아의 아름답고 활기찬 기운을 느꼈다.

'아침에는 모든 커피 바들이 바삐 움직이는군. 의자는 거의 없고 사람들이 주로 서서 커피를 마시는 것도 인상적이야. 커피 바라기보다는 마치 휴식처 같군. 바로 저거야. 앞으로 스타벅스의 미래가 여기에 있어!'

1953년 뉴욕 브루클린의 빈민가에서 태어난 유대인 하워드 슐츠는 가난하고 불우한 어린 시절을 보냈다. 하지만 그에게는 의지력이 강하고 헌신적인 어머니가 있었다.

1975년 노던미시간 대학교에서 비즈니스학으로 학사 학위를 받은 그는 제록스사에서 3년간 세일즈와 마케팅 분야의 일을 했다. 이후 가정용품을 생산하는 회사에서 관리와 마케팅 능력을 인정받아 후에 부회장 겸 총지배인이 되었다. 그러다 우연히 들른 스타벅스의 커피 맛에 반해 당시 오직 네 개의 체인점을 가지고 있던 스타벅스의 마케팅 책임자로 자리를 옮겼다. 스타벅스에 자신의 미래가 있다고 생각했다. 그런 그에게 이탈리아 출장은 많은 것을 느끼게 했다.

'앞으로 스타벅스가 성장하려면 지금처럼 해서는 안 돼. 이탈리아를 비롯해 유럽식 커피숍을 모델로 해야 해.'

미국으로 돌아온 하워드 슐츠는 이탈리아에서 얻은 사업적 영감을 시애틀에 있는 바에 적용해서 실험했다. 고객들의 반응이 좋았다. 커피숍은 어느새 지역의 사랑방이 되었다. 매출도 덩달아 올라갔다. 이때쯤 슐츠의 가슴속에는 또 하나의 야망이 꿈틀거리고 있었다.

'내 커피 바를 운영해보는 거야.'

하지만 커피를 공급받을 루트가 없었다. 그는 스타벅스의 책임자를 만나 커피콩을 공급해달라고 부탁했다.

"그냥 우리 회사에서 일하는 게 어떤가?"

"제가 생각하고 있는 대로 한번 해보고 싶습니다. 도와주십시오."

책임자는 하워드 슐츠의 간절한 부탁에 못 이겨 커피콩을 공급해주기 시작했다.

'스타벅스의 커피는 좋은 향과 맛을 지녔어. 하지만 소비자의 기호를 맞추는 것에는 소홀해. 이탈리아 바 같은 커피숍이 필요해. 무엇보다 고객을 맞는 바리스타의 역할이 중요해. 이제 그들도 전문가가 되어야 해. 그리고 고객들의 친구가 되어야 해. 커피 한 잔만을 달랑 사서 직장으로 향하는 것이 아니라 오랫동안 머물 수 있는 친근한 사랑방 같은 곳이 되어야 해.'

하워드 슐츠의 예상은 적중했다. 사람들은 그가 운영하는 커피숍에서 수다를 떨며 평화롭게 커피를 즐겼다. 커피 지식이 풍부하고 친절한 바리스타와 좋은 음악이 그의 가게에서 퍼져 나왔다.

눈부신 성장을 거듭한 슐츠의 회사는 지역 투자자들의 후원을 등에 업고 스타벅스의 자산을 합병하는 데 성공했다. 평범한 체인점에 불과한 스타벅스를 인수한 그는 직원들 앞에 섰다.

"여러분은 커피숍이 무엇이라고 생각하십니까? 이제 커피는 단순한 음료 그 이상입니다. 오늘부터 저는 여러분과 함께 사람들이 커피 한 잔과 더불어 편하게 토론하고 음악을 들으며 쉴 수 있는 오아시스를 만들겠습니다."

여기저기서 박수 소리가 들려왔다.

"짝짝짝."

"짝짝짝."

하워드 슐츠의 연설이 이어졌다.

"이제 저만 믿고 따라오십시오. 그리고 이제부터 우리 직원들은 '종업원'이 아닙니다. 그렇게 부르지도 않겠습니다. 여러분은 저의 '동업자'입니다. 기업이 성장하기 위해서는 몇 사람만 잘나서는 안 됩니다. 모든 동업자가 힘을 합쳐야 합니다. 그래야 성장할 수 있습니다."

하워드 슐츠의 목표와 신념대로 스타벅스는 날로 성장해갔다. 사람들은 점점 슐츠의 의도대로 커피점을 단순히 음료를 마시는 곳이 아닌 사람과 사회가 만나는 곳으로 인식하게 되었다.

"스타벅스에 가면 좋은 음악과 공연을 볼 수 있대."

"스타벅스는 커피를 파는 곳이 아니야. 그곳은 문화를 즐기고 담소를 나눌 수 있는 사랑방 같은 곳이지. 복잡한 도시의 오아시스 같아."

"스타벅스에 가면 최고 품질의 커피를 마실 수 있지. 그

뿐 아니라 열정과 낭만을 만끽하고 긴장과 스트레스를 풀 수도 있어."

고객들의 반응은 폭발적이었다. 이제 스타벅스는 흔한 커피숍이 아니었다. 하워드 슐츠는 남이 가지 않은 길을 과감하게 선택함으로써 자신의 꿈과 목표를 이루었다. 바리스타와 정겹게 대화를 나누는 고객들을 볼 때마다 그의 마음이 흐뭇해졌다.

하워드 슐츠는 경제 전문지 〈포춘〉 선정 '2009년 최고의 CEO'에 선정되었고 〈타임〉 선정 '세계에서 가장 영향력 있는 100인'에 뽑히기도 했다. 2021년 기준으로 스타벅스는 연 순수익 191억 달러를 올리며 54개국 3만 2938개의 매장에서 매주 6000만 명 이상의 손님을 맞이하고 있다. 그가 동업자라고 부르는 20만 명의 직원들이 이 기업의 중요한 역할을 하고 있음은 물론이다.

잠시 스타벅스를 떠났다가 2008년 1월 CEO로 다시 돌아온 하워드 슐츠는 여전히 고객보다 동업자들을 우선시한다.

"결승선에 혼자 도달하면 공허한 마음이 생길 수 있습니다. 반면에 한 팀을 이루어서 달린다면 결승선에 함께 도달하는 기쁨을 만끽할 수 있을 것입니다. 진정한 승리자라면 열광하는 관중뿐만 아니라 한 팀을 이루었던 공동 승자들에게도 둘러싸여야 합니다. 성공은 나누어 가질 때 가장 달콤한 것입니다."

하워드 슐츠의 성공은 남들이 가지 않은 길을 과감하게 걸어갔기 때문이다. 무엇보다 자신의 신념과 직관을 믿었다. 비록 가난한 집에서 태어나 무일푼이었지만 돈보다는 사람들을 먼저 믿고 의지했다.

그리고 '가치'를 늘 생각했다. 커피와 그것을 파는 커피숍의 가치를 자신의 경험과 감성으로 풀어갔기에 오늘날 같은 성공이 있었다.

남들이 가지 않는 길을 가라. 남들이 생각하지 않는 것을 생각하라. 남들이 하찮게 여기는 일을 하라. 자기 생각과 신념대로 밀고 나가라. 중도에 포기하지 말고 자신을 믿어라. 이것이 하워드 슐츠가 전하는 메시지이다.

당신이 선택한 길이 모든 것을 바꾼다

한 번도 받기 힘든 퓰리처상을 네 번이나 수상한 로버트 프로스트는 미국의 '국민 시인'으로 통한다. 그의 작품 중에 〈가지 않은 길〉이라는 유명한 시가 있다. 시의 첫 구절은 이렇게 시작된다.

단풍 든 숲속에 두 갈래 길이 있었습니다.
나는 두 길을 다 가지 못하는 것을 안타깝게
생각하면서
오랫동안 서서 한 길이 굽어 꺾어 내려간 데까지
바라다볼 수 있는 데까지 멀리 보았습니다.

이 시는 프로스트가 실의에 빠져 있던 20대 중반에 썼다. 변변한 직업도 없고 문단에서도 인정받지 못하고 게다가 질병에 시달리고 있었다. 당시 그의 집 앞에는 숲으로 이어지는 두 갈래 길이 있었다. 그 길을 보자 자신이 살아온 인생이 생각나서 이 시를 썼다. 시의 마지막 구절은 이렇게 끝난다.

오랜 세월이 흐른 후에 어디선가

나는 한숨을 지으며 이야기할 것입니다.

숲속에 두 갈래 길이 있었다고.

나는 사람이 적게 간 길을 택하였다고.

그리고 그것 때문에 모든 것이 달라졌다고.

결승선에 혼자 도달하면
공허한 마음이 생길 수 있습니다.
반면에 한 팀을 이루어서 달린다면
결승선에 함께 도달하는
기쁨을 만끽할 수 있을 것입니다.

사람이 할 수 있는
가장 아름다운 일은 사랑이다

신의 모습을 닮은 젊은 영혼 이태석 신부

부산 자갈치시장 근처 성당에 아이들이 모여 영화를 보고 있었다. 다미안 신부의 일대기를 다룬 감동적인 영화 〈모로카이〉였다. 주인공인 다미안 신부는 한센병 환자가 모여 살던 하와이 근처 섬에서 몸을 사리지 않고 그들을 돌보았다. 하지만 자신도 한센병에 걸려 마흔여덟이라는 젊은 나이에 죽었다.

영화를 보던 한 아이의 슬픈 눈망울에 다미안 신부 묘지에 새겨져 있는 문구가 들어왔다.

—벗을 위하여 제 목숨을 버리는 일보다 더 큰 사랑은

없다.

소년은 눈을 꼭 감으며 혼잣말로 되새겼다.

"언젠가는 나도 다미안 신부처럼 훌륭한 사람이 될 테야."

1962년 부산에서 4남 6녀 중 아홉 번째로 태어난 소년은 아홉 살에 아버지를 잃었다. 홀로 남은 어머니는 삯바느질로 어렵게 10남매를 키웠다. 소년은 어릴 때부터 가난한 사람들에게 관심이 많았다.

하루는 소년이 누나에게 부탁했다.

"실과 바늘을 좀 주세요."

"사내 녀석이 그게 왜 필요하니?"

"좀 쓸 데가 있어서 그래요."

소년은 누나로부터 받은 실과 바늘을 가지고 골목길로 향했다. 그곳에는 한 고아가 터진 옷을 입고 있었다. 소년은 고아를 벤치에 앉히고 실과 바늘을 이용해 옷을 꿰매주었다. 그렇게 마음씨가 따뜻한 아이였다.

소년은 공부를 잘했다. 공부뿐만 아니라 음악과 미술 등 예술도 좋아했다. 라디오에서 흘러나오는 노래를 듣고 있으면 마음이 평온해졌다. 고등학교 3학년이 되어 대학을 정할 때쯤 어머니가 소년을 불렀다.

"그래 가고 싶은 대학과 학과는 정했니?"

"의대에 갈까 합니다. 병들고 가난한 사람들을 돕고 싶어요."

"역시 우리 아들이구나. 넌 우리 집안의 희망이자 꿈이다."

소년의 꿈은 따로 있었다. 하지만 어머니의 바람을 꺾을 수는 없었다. 언제부터인가 어머니는 아들이 의사가 되기를 바랐다.

"난 네가 의사가 되었으면 좋겠구나. 그래서 행복한 가정을 꾸려 부족함 없이 잘 살았으면 좋겠다."

소년은 어머니의 바람대로 의대에 진학에서 의학 공부를 했다. 방학을 이용해 봉사 활동도 열심히 했다. 그렇게 의대를 졸업한 소년은 이제 진짜 자신이 하고 싶은 일을 하기로 했다.

"어머니의 바람대로 의대를 졸업했습니다. 하지만 제가 진짜 하고 싶은 일은 신부가 되어 세상의 작은 씨앗이 되는 겁니다."

청천벽력 같은 소리에 온 집안이 발칵 뒤집혔다. 소식을 들은 형과 누나, 형수와 매형들이 달려왔다. 서로 붙잡고 설득했지만 그는 좀처럼 뜻을 굽히지 않았다. 큰 바위가 그의 마음에 눌러앉은 것 같았다.

"네 뜻대로 하거라."

어머니의 목소리가 방 안 전체에 울려 퍼졌다.

"눈빛을 보니 네 결심을 꺾을 수 없을 것 같구나. 그래 신부가 되려는 생각은 언제부터 한 게냐?"

"오래되었습니다. 어머님이 자갈치시장에서….."

어머니의 질문이 그의 대답을 막았다.

"그럼… 의대는? 처음부터 의대에 갈 생각이 없었는데….."

어머니의 긴 한숨이 방 안 가득 퍼졌다.

"내가… 내 욕심과 바람이 네가 가고 싶은 길을 돌아가게….."

"아닙니다. 그리고 죄송합니다."

"아니다. 미안하구나. 미안해."

어머니는 아들의 손을 잡고 흐느껴 울기 시작했다. 그 광경을 지켜보던 가족들도 함께 눈물을 흘렸다. 어머니의 꿈과 희망을 저버릴 수 없었던 착하디 착한 아들은 그렇게 신학생이 되었다.

의사 면허증을 가진 나이 많은 신학생은 어느 날 해외 봉사 활동에 참가하게 되었다. 그가 찾아간 곳은 아프리카 수단이었다. 당시 수단은 심각한 내전으로 인해 남과 북이 갈라진 상태였다. 북쪽 아랍계와 남쪽 원주민이 충돌해서 200만 명이 목숨을 잃은 터였다. 그의 발길이 머문 곳은 피해가 가장 큰 남수단이었다.

'인간이 이렇게 잔인하고 끔찍할 수가…'

그는 그곳에서 참혹한 죽음을 봤다. 여기저기 시체들이 나뒹굴고 부모를 잃은 아이들이 먹을 것을 찾아 돌아다녔다. 아이들은 시꺼멓게 오염된 물을 아무렇지도 않게 두 손으로 떠 먹었다. 총탄과 질병으로 신음하던 그들은 변변한 치료나 약조차 구할 수가 없었다. 그들이 할 수 있는 것이라고는 조용히 죽음을 맞이하는 것뿐이었다.

'이곳이 내가 살 곳이야. 신부가 되면 이곳으로 와야겠어.'

한국으로 돌아온 그는 졸업하고 사제품을 받아 신부가 되었다. 그리고 다시 가족들 앞에 섰다. 방 안은 또다시 긴장감이 맴돌았다.

"뭐라고, 아프리카?"

누나가 소스라치게 놀라며 되물었다.

"한국에도 어려운 곳이 많은데 왜 꼭 아프리카로 가야만 하니? 아프리카는 병도 많고 또 무척 덥기도 해. 한국에서도 얼마든지 좋은 일을 많이 할 수 있지 않니?"

"수단은 제가 가본 나라 중에서 제일 가난한 곳입니다. 가려는 사람이 아무도 없으니 저라도 가야 합니다."

이번에도 가족들은 그의 뜻을 굽히지 못했다. 2001년 그는 수단의 톤즈로 향했다. 톤즈에 도착하자마자 병든 사람들을 치료하기 시작했다. 그는 사제복을 입은 의사이자 청진기를 든 신부였다.

당시 톤즈에는 물과 식량 등 있는 게 거의 없었다. 하지만 자신들의 병을 치료해주는 든든한 의사가 있었다. 그들은 자신의 영혼을 치료해줄 신부보다 의사가 더 필요했다. 소문은 빠르게 퍼졌다. 그를 만나면 살 수 있다는 소문이 나자 사람들이 몰려오기 시작했다. 만삭의 몸으로 꼬박 반나절을 걸어온 임신부도 있었고, 수백 킬로미터를 걸어온 이들도 있었다. 줄은 쉴 새 없이 이어졌고, 그는 하루 평균 300명이 넘는 환자를 돌보았다.

'이대로는 안 되겠어. 환자들을 수용할 수 있는 병원이 있어야 해.'

그는 병원을 짓기로 했다. 그림 솜씨를 발휘해 설계도를 그리고 기둥을 세웠다. 시멘트를 사서 강에서 퍼온 모래와 섞어 벽돌도 만들었다. 그의 모습에 마을 사람이 하나둘씩 나섰다.

"선생님, 좀 주무세요. 이젠 저희가 할 수 있어요."

마을 사람들 덕분에 2007년 12개의 병실을 갖춘 병원이 탄생했다. 그는 말라리아 환자와 임신부를 우선 치료했다. 틈틈이 마을 주민을 교육해 의료 보조진도 두었다.

그는 여기에서 멈추지 않고 학교도 지었다. 이제 그는 신부이자 의사며 선생님이었다. 아이들에게 수학뿐만 아니라 음악도 가르쳤다.

음악에 소질이 있거나 흥미를 느끼는 아이들을 모아 35인조 브라스 밴드도 만들었다. 학창 시절부터 음악을 좋아하고 직접 작곡도 했던 그이기에 가능한 일이었다. 모든 악기를 스스로 배운 후 아이들에게 가르쳐주었다.

소년병으로 징집돼 무기를 들었던 아이들의 손에 악기를 대신 쥐여주고 음악이라는 강력한 마음의 치유제를 선물했다. 그는 톤즈에서 없어서는 안 될 사람이 되었다. 모두 그를 존경하며 따랐고 그 또한 그 속에서 진정한 행복과 기쁨을 느꼈다.

그런 그에게 죽음이 찾아왔다.

"대장암 4기입니다."

평소 몸이 이상하다고 느낀 그는 귀국하자마자 병원부터 들렀다. 그곳에서 믿을 수 없는 소식을 들은 것이다. 하지만 무엇보다 더 가슴이 아픈 것은 다시는 톤즈로 돌아갈 수 없다는 것이었다. 그는 병원에서 항암 치료를 받는 대신 서울의 한 공동체에서 봉사 활동을 하기로 했다. 그를 찾아오는 사람들에게 기타로 멋들어진 유행가를 불러주며 삶의 기쁨과 가치에 관해 이야기했다. 그리고 2010년 1월 자신의 바람대로 눈 오는 오후 조용히 눈을 감았다.

뒤이어 그의 죽음은 톤즈까지 전해졌다. 마을 사람들은 학교에 모여 환하게 웃고 있는 그의 사진을 부둥켜안고 한없이 눈물을 흘렸다. 그가 결성했던 브라스 밴드는 거리로 나와 행진했다. 누구보다 값진 인생을 살다 간 그는 '한국의 슈바이처'로 불리는 이태석 신부이다. 그는 자신이 작사, 작곡한 〈묵상〉이라는 노래를 남겼다.

십자가 앞에 꿇어 주께 물었네
추위와 굶주림에 시달리는 이들
총부리 앞에서 피를 흘리며 죽어가는 이들을

왜 당신은 보고만 있느냐고

눈물을 흘리면서 주께 물었네

세상엔 죄인들과 닫힌 감옥이 있어야만 하고

인간은 고통 속에서 번민해야 하느냐고

조용한 침묵 속에서 주님 말씀하셨지

사랑, 사랑, 사랑 오직 서로 사랑하라고

난 영원히 기도하리라 세계 평화 위해

난 사랑하리라 내 모든 것 바쳐

이태석 신부는 자신의 저서에서 이렇게 말했다.

"우리의 삶도 하나의 여행이 아닌가 생각됩니다. 아스팔트와 같은 평탄한 길도 있지만 때로는 요철이 많은 흙길도 있습니다. 때론 산을 건너야 하고 때론 맨발로 강물도 건너야 하기에, 쉽지 않은 여행이지만 혼자만의 여행이 아니기에 어려울 때 서로 의지하고 넘어질 때 서로 일으켜줄 수 있는 '누군가'와 함께하는 여행이기에, 더욱이 항상 함께해주시겠다고 약속하신 예수님이 계시기에 즐거운 여행이 될 수 있지 않을까 하는 생각이 듭니다. …사람이 할 수 있는 일 그것은 사랑입니다. 사랑은 함께 있는 것만으로 완성되지 않습니다. 고통까지 함께 느낄 수 있어야 합니다."

신을 닮은 이태석 신부는 그렇게 우리의 가슴속에 남았다. 사랑하고, 사랑하고, 또 사랑하라는 말과 함께.

삶을 바라보는 시선이 운명을 좌우한다

아프리카에서 의료 선교사로 반세기를 보낸 슈바이처 박사. 그가 노벨상 시상식에 참가하기 위해 기차를 탔다. 이 위대한 성자를 보기 위해 각국의 기자가 역으로 몰려들었다. 기차가 멈추자 기자들이 특실 칸으로 우르르 몰려갔다. 하지만 슈바이처 박사의 모습은 보이지 않았다. 그때 한 기자가 소리쳤다.

"1등 칸으로 가봅시다!"

하지만 1등 칸에도 슈바이처는 없었다. 기자들은 다시 2등 칸으로 갔다. 결과는 마찬가지였다. 그때 한 기자가 투덜거리며 말했다.

"혹시 다음 열차 아냐?"

기자들은 고개를 갸우뚱하며 혹시나 하고 3등 칸으로 자리를 옮겼다. 냄새나고 지저분한 3등 칸 안에는 사진을 통해서 많이 봤던 백발의 슈바이처 박사가 있었다. 한 기자가 놀랍다는 듯이 물었다.

"박사님, 어떻게 3등 칸에 타셨습니까?"

슈바이처는 별로 대수롭지 않다는 듯이 말했다.

"이 기차에는 4등 칸이 없더라고요."

이 위대한 성자는 후세에 이런 말을 남겼다.

"나는 여러분의 운명을 알지 못하지만 한 가지만은 확실히 알고 있습니다. 여러분 중 정말로 행복할 수 있는 사람은 오직 봉사란 어떻게 해야 하는지를 끊임없이 탐구하여 깨닫는 사람일 거라는 점입니다. 삶을 바라보는 인간의 방식은 그의 운명을 결정짓습니다."

사람이 할 수 있는 일 그것은 사랑입니다.

사랑은 함께 있는 것만으로 완성되지 않습니다.

고통까지 함께 느낄 수 있어야 합니다.

꿈꾸는 것이 가능하면
꿈을 실현하는 것도 가능하다

애니메이션의 아버지 월트 디즈니

그림 그리기를 좋아하는 한 청년이 있었다. 청년은 특별한 기술도 없고 배운 것도 많지 않아 늘 가난했다. 숙식을 해결할 방 한 칸이 없어 남의 집 차고 귀퉁이에서 생활했다. 차고는 여름에는 덥고 겨울에는 추워 지내기에 불편했지만 청년은 자신의 환경을 비관하지 않았다.

'나처럼 불행한 어린 시절을 보낸 아이들에게 꿈과 희망을 줄 거야. 사람이 성숙한 인격체를 가지기 위해서는 무엇보다 어린 시절의 경험이 중요해.'

미국 시카고에서 태어난 청년은 폭력적인 아버지 밑에서 자랐다.

그림을 좋아하고 재능도 있어 미술 학교에 다니고 싶었지만, 그의 집은 생계도 잇기 힘들 정도로 가난했다. 하지만 그는 틈틈이 혼자서 그림을 그렸다.

그림과 함께 연기에도 푹 빠졌다. 극장 콘테스트에 나갈 정도로 좋아하고 또 잘했다. 그가 주로 했던 연기는 당시 최고의 인기 배우이던 채플린을 모방하는 것이었다. 그는 채플린을 아주 좋아해 열세 살 때는 채플린을 만나러 스튜디오에 가기도 했다. 그림과 연기는 그를 지탱해주는 생명선과도 같았다.

고등학교를 졸업하고 나이를 속여 군대를 제대한 그는 본격적인 그림 작업에 몰두하기 시작했다. 밤새 그린 그림을 가지고 직접 신문사를 찾아다녔다.

"이런 삽화라면 타자 치는 여급도 그릴 수 있네."

"그림이 신선하지 않아. 기발함이 없단 말일세."

"독창성이 없는 그림은 아무짝에도 쓸모없다네."

퇴짜를 맞기가 일쑤였다. 하지만 청년은 포기하지 않았다.

"재미있고 기발한 소재가 없을까?"

청년이 작업실로 쓰던 차고에는 동거자가 있었다. 생쥐였다. 청년은 쥐구멍으로 드나드는 생쥐를 친구처럼 여겼

다. 자신이 먹을 것도 부족했지만 생쥐를 발견하면 빵 한 조
각을 떼어주었다.

"너도 내 신세와 같구나."

생쥐는 그가 전해주는 빵 조각을 맛있게 먹었다. 그렇게
둘은 친구가 되었다. 생쥐는 매일 찾아왔고 그림 그리는 그
의 옆을 지켜주었다. 그러던 어느 날 생쥐가 물에 흠뻑 젖어
나타났다.

"밖에 비가 오는 모양이구나. 이리 오렴, 내가 닦아줄
테니."

청년은 생쥐를 무릎에 앉히고 낡은 헝겊으로 온몸을 깨
끗이 닦아주었다. 그러면서 생쥐에게 말했다.

"다음부터는 비가 오면 나가지 말고 내 옆에 있거라. 언
제나 내 말벗이 되어주어서 고맙다. 넌 나의 유일한 친
구야."

그렇게 말하는 순간, 청년의 머릿속에서 불꽃이 피었다.

"그래, 이 녀석을 그려보는 거야."

청년은 재빨리 그림을 그리기 시작했다.

"생쥐가 사람처럼 걸어 다니고 말도 한다면 얼마나 재미
있을까?"

청년의 스케치북에는 온통 생쥐 그림만 있었다. 그렇게

며칠을 생쥐 그림만 그렸다. 생쥐를 보면서 자신의 친구라고 생각한 후 여행도 다니고 온갖 모험을 하는 상상을 했다. 그때부터 청년의 상상력이 불꽃을 튀며 그림들이 살아 움직이는 것처럼 생생하게 그려졌다.

청년의 이름은 월트 디즈니, 이 생쥐의 이름은 미키마우스였다. 디즈니가 세운 캐릭터 왕국은 실로 어마어마하다. 세계 캐릭터 시장 점유율의 50%를 차지하고 있으며 〈미녀와 야수〉, 〈알라딘〉, 〈인어공주〉, 〈피노키오〉, 〈신데렐라〉, 〈곰돌이 푸우〉, 〈도널드 덕〉 등 보유한 캐릭터만 1000여 종으로 남녀노소 모두 좋아하는 캐릭터이다. 히틀러도 2차 세계대전 중에 디즈니 만화영화를 즐겨봤을 정도였다. 또한 그가 세운 디즈니랜드는 어린아이부터 대통령까지 누적 방문자 수가 무려 22억 명이다. 전 세계 인구 4명 중 1명이 다녀간 셈이다. 여기에는 유명한 일화가 있다.

어느 날 월트 디즈니가 딸을 데리고 놀이공원에 놀러 갔다. 공원 벤치에 앉아 딸이 놀고 있는 모습을 바라보던 디즈니는 혼잣말로 중얼거렸다.

"놀이 기구들이 너무 단순하고 재미없어. 그리고 너무 지저분하고 위험해. 아이들이 좀 더 즐겁고 안전하게 놀 수 있는 곳이 필요해."

디즈니는 그때부터 어린이들을 위한 꿈의 동산을 만들기로 다짐했다. 여러 놀이동산을 다니고 놀이 기구들도 직접 타봤다. 그러던 어느 날 독일의 여러 지역을 여행하다 우연히 퓌센의 노이슈반슈타인 성을 보게 되었다.

"바로 저거야!"

그로부터 18년 후 디즈니는 LA 근처에 자신의 이름을 딴 디즈니랜드를 세웠다. 디즈니랜드의 랜드마크인 신데렐라 성은 노이슈반슈타인 성을 모델로 했다. 디즈니랜드는 기존의 놀이공원과 차별화되는 전략을 세웠다. 바깥 둘레를 산타페 철도가 돌고, 유원지 안에는 1890년대의 미국 마을을 재현한 '메인 스트리트 USA'를 중심으로 '모험의 나라', '개척의 나라', '동화의 나라', '미래의 나라' 등의 7개 구역을 테마별로 배치했다. 그중 '동화의 나라'에서는 〈이상한 나라의 앨리스〉와 〈피터팬〉 등을 만날 수 있으며, '미래의 나라'에서는 공상과학 영화 속의 주인공이 된 듯한 착각에 빠진다.

이렇듯 테마파크를 표방한 디즈니랜드는 시설 하나부터 사소한 배치까지 어린이의 시각에서 온갖 상상력을 불어넣었다. 하지만 연간 1000만 명을 넘어서는 방문객 가운데 70%는 어른이었다. 디즈니는 아이들에게 꿈과 희망을 안겨주었을 뿐만 아니라 막대한 부를 이룰 수 있었다.

디즈니는 어려울 때도 결코 꿈과 희망을 포기하지 않았다. 작은 것 하나 소홀히 여기지 않았고 늘 웃음을 잃지 않았다. 디즈니는 후세에 이런 말을 남겼다.

"꿈꾸는 것이 가능하면 그 꿈을 실현하는 것도 가능하다. 이 모든 것이 작은 생쥐 하나로 시작되었다는 것을 기억하라. 우리의 모든 꿈은 이루어질 것이다."

카네기는 직원 채용 시험에서 다음과 같은 문제를
냈다.

"자, 여기 포장된 물건이 있네. 이 물건을 자신만의
방식대로 한번 풀어보겠나."

면접에 참가한 사람들은 저마다 다른 방식으로 물
건의 끈을 풀었다. 시험이 끝난 뒤 카네기는 포장된 끈
을 차근차근 꼼꼼하게 푼 사람은 불합격시키고 단번
에 칼로 잘라낸 사람들을 합격시켰다. 고정관념을 깨
고 생각을 바꾼 사람들을 눈여겨본 것이다. 그는 지식
보다는 지혜와 사고의 유연성을 본 것이다.

새뮤얼 스마일스는 이렇게 말했다.

"고정관념과 같은 자신의 관점이나 생각을 바꾸면 점차 자신의 운명도 바뀐다. 생각을 바꾸면 행동이 바뀌고, 행동을 바꾸면 습관이 바뀌고, 습관을 바꾸면 인격이 바뀌고, 인격을 바꾸면 운명이 바뀐다."

세상을 바꾸기는 쉽지 않다. 아니 그건 불가능하다. 하지만 당신의 생각이 바뀌고 행동이 변하면 그때부터 세상은 다르게 보이기 시작한다. 바꿀 수 있는 모든 것을 바꿔라. 다른 각도에서 보고 생각하는 유연성을 갖추어라.

꿈꾸는 것이 가능하면
그 꿈을 실현하는 것도 가능하다.
이 모든 것이 작은 생쥐 하나로
시작되었다는 것을 기억하라.
우리의 모든 꿈은 이루어질 것이다.

모자라는 게 아니라 다른 것이다

세계적인 동물학자 템플 그랜딘

"전 완치된 게 아닙니다. 평생 자폐아겠죠."

아기는 생후 6개월부터 엄마의 품에 안기면 몸이 뻣뻣하게 굳었고 10개월부터는 손톱으로 엄마를 할퀴었다. 자신이 원하는 대로 되지 않으면 분통을 터뜨렸고 잡히는 대로 집어 던졌다. 그리고 계속 비명을 질러댔다.

"아아악!"

"왜 그러니? 엄마가 무얼 해줄까?"

"아아악!"

아이는 말 대신 계속 소리만 질렀다. 아이가 세 살 무렵 엄마는 유명한 정신과 의사를 찾아갔다. 몇 시간 동안 아이의 상태를 지켜보던 의사가 조용히 엄마를 불렀다.

"이 아이는 정상적인 삶이 불가능합니다."

"네, 그게 무슨 말씀이세요?"

"뇌에 큰 이상이 있습니다."

"그… 그럼 어떻게 해야 하나요?"

"안타깝지만 평생을 보호 시설에서 살아야 합니다."

"그럼…."

아이의 엄마는 충격으로 말을 잇지 못했다. 자폐증이 아직 사회에 알려지지 않은 때였다. 낙심해서 돌아온 날 밤 엄마는 한 가지 다짐을 했다.

"절대로 내 아이를 보호 시설에 맡길 수 없어. 이 아이는 반드시 내 손으로 키울 거야. 무슨 희귀한 병에 걸린 게 분명해. 그걸 꼭 밝혀낼 거야. 내 모든 인생을 걸고서라도 꼭 그렇게 할 거야."

엄마는 의사의 충고에 굴하지 않았다. 몇 번이나 찾아와 보호 시설에 수용할 것을 권유했지만 그때마다 거부했다. 아이를 보호 시설에 가두는 순간 아이의 인생은 끝난다는 것을 엄마는 알았다. 그건 아이도 엄마도 원하지 않았다.

아이는 한 살씩 나이를 먹어갔다. 상태는 조금도 호전되지 않았다. 여전히 소리를 질렀고 불안한 모습을 보였다. 하지만 엄마는 묵묵히 아이의 곁을 지켰다.

"시끄러워요! 그만하세요!"

하루는 생일 파티 때 사람들이 나팔 부는 것을 듣고는 신경질적인 반응을 보였다. 자동차가 지나가는 소리나 주위가 시끄러워지면 세상으로부터 벗어나기 위해 몸을 이리저리 흔들고 뱅뱅 돌기도 했다. 그러면 기분이 좀 나아지는 것 같았다. 아이만의 스트레스 해소법이었다. 근데 이상한 점이 있었다. 아이가 이상한 것에 몰입하기 시작한 것이다. 그리고 그 몰입은 장기간 지속되었다.

가족들과 함께 바닷가에 놀러 갔을 때의 일이었다. 아이는 바닷가에 쪼그리고 앉아 모래가 손가락 사이로 빠져나가는 것을 보고 신기해했다.

"얘야, 모래가 그렇게 좋으니?"

"정말 신기해요. 모래알 하나하나에 거대한 우주가 들어 있는 것 같아요. 반짝거리는 게 보이지 않으세요? 그리고 이 모래의 모양과 색깔을 좀 보세요. 너무 신기하지 않나요?"

어떤 날은 온종일 방 안에 앉아 자신의 손금을 들여다보기도 했다. 여러 선이 복잡하게 얽히고설킨 손금은 보면 볼수록 신기하고 오묘했다. 이러한 몰입은 열다섯 살에 우연히 이모의 농장에서 본 기계로 이어졌다. 기계들의 복잡한 부품과 작동 원리는 그녀가 본 것 중 가장 신기하고 특별한 세계였다. 농장에 있던 소나 동물들하고도 교감이 통했다.

"엄마, 이 녀석이 저를 좋아한다고 하네요."

"저 녀석은 오늘 먹은 게 안 좋았던 모양이에요. 속이 거북하대요."

"소의 귀를 자세히 보면 녀석의 심리 상태를 알 수 있어요."

그녀는 어느 날 자신의 병명을 알았다. 아스퍼거 증후군이었다. 그건 언어에 지체가 없는 자폐증을 말했다. 그러나 그녀는 세계와 다른 사람의 말과 행동을 언어보다 영상에 의지해 인지하는 뛰어난 재능을 가진 자폐증 환자였다. 한 번 보고 들은 것은 말과 문자가 아니라 이미지로 기억해냈다. 무엇보다 동물의 감정을 읽는 데 탁월했다.

"나는 그림으로 생각해요. 언어는 나한테 외국어와 같아요. 말을 듣거나 글을 읽으면 나는 사운드까지 완벽하게 갖춰진 천연색 영화로 번역해서 머릿속에서 비디오테이프를 돌리듯 돌려요."

이모의 농장에서의 생활은 그녀에게는 기쁨이자 교육의 장소이기도 했다. 그녀는 전 과정에서 탁월한 성적을 거두었고 영재 학교인 린지에서 공부하게 되었다. 또한 졸업식에서 고별사를 할 정도로 성적도 좋았다.

고등학교를 졸업한 그녀는 프랭클린 피어스 칼리지에서 심리학 석사, 애리조나 주립대학에서 동물학 석사, 일리노이 대학에서 동물학 박사 학위를 취득했다. 그 후 〈투데이 쇼〉와 〈래리 킹 라이브〉같은 텔레비전 프로그램이나 신문, 잡지에 소개되어 전국적인 유명세를 탔다. 그녀의 모습을 보고 자폐아를 둔 부모들이 많은 힘과 용기를 얻었다.

2006년에는 BBC에서 최초로 방영된 호라이즌 다큐멘터리 〈소처럼 생각하는 여자〉의 소재가 되었으며, 2010년에는 HBO에서 클레어 데인즈가 주연한 영화 〈템플 그랜딘〉을 제작·방영했다. 이 영화의 제목은 그녀의 실제 이름을 딴 것이었다.

그녀의 실명과 실화를 바탕으로 제작한 이 감동적인 영화는 로스앤젤레스 노키아 극장에서 열린 제62회 에미상 시상식에서 최우수작품상, 여우주연상, TV 영화·미니시리즈 남우조연상, 감독상 등 5개 부문을 휩쓸었다. 다섯 번이나 이름이 호명되자 그녀는 무대에 올라 큰 소리로 외쳤다.

"엄마, 보고 있어? 그럼 얼른 일어나 봐!"

이날 가장 주목을 받은 것은 리어나도 디캐프리오와 함

께 〈로미오와 줄리엣〉으로 전 세계 남성들의 사랑을 한 몸에 받았던 주연 배우 클레어 데인즈가 아니었다. 카메라는 온통 클레어 데인즈보다 머리 하나가 더 있는 실제 주인공 템플 그랜딘의 차지였다.

어느 날 한 기자가 그녀에게 물었다.

"살면서 뭐가 가장 힘드세요?"

"매 순간이 다 힘들지요. 사람이라면 다 똑같지 않을까요?"

그리고 다음 말을 이었다.

"손가락을 한 번 튕기기만 하면 정상인이 될 수 있다 하더라도 저는 사양할 겁니다. 제가 아닌 다른 사람이 되는 거니까요. 자폐증은 저의 일부입니다."

"살면서 가장 기뻤던 일은 뭡니까?"

"제가 뭔가에 참여할 수 있도록 많은 분이 최선을 다했어요. 그분들은 아셨습니다. 제가 다를 뿐이라는 것을! 모자란 게 아니라 다르다는 것을! 게다가 저는 세상을 다르게 보는 능력이 있습니다. 다른 사람들이 못 보는 것까지도 자세히 볼 수 있는 능력입니다."

템플 그랜딘은 100편의 논문을 발표한 동물학 박사이자 가축 시설 디자이너로 활약한다. 콜로라도 주립대학교 동물과학부 교수이자 자폐증 계몽 활동과 가축의 권리 보호에 관한 영향력 있는 학자이기도 하다.

미국과 캐나다 소의 절반은 그녀가 설계한 시설에서 처리되고 있다. 그녀의 시각, 지각 능력과 기억력은 거의 천재 수준이다. 설계하고자 하는 기계를 머릿속에서 디자인하고 그것이 완성되면 다시 머릿속에서 시뮬레이션한다. 그녀가 디자인한 도축장은 소의 심리를 최대한 반영해 공포를 느끼지 못하도록 설계되어 있다.

템플 그랜딘은 TED 강연에서 〈세상은 왜 자폐를 필요로 하는가?〉라는 주제로 다음과 같은 말을 했다.

"시각적으로 생각하는 아이가 자라면 무엇을 할 수 있을까요? 그래픽 디자인을 할 수 있고 모든 종류의 컴퓨터 일을 할 수 있고, 사진 촬영, 산업 디자인을 할 수 있습니다. 패턴으로 생각하는 사람은 수학자, 소프트웨어 엔지니어, 컴퓨터 프로그래머를 비롯해 모든 종류의 직업을 가질 것입니다. 그들은 굉장한 언론인이 될 수도 있습니다. 그들은 또한 뛰어난 연기자가 될 수도 있습니다. …누가 첫 번째 돌창을 만들었다고 생각하세요? 아스퍼거가 있던 사람입니다. 모든 자폐증 유전자를 없앴다면 실리콘밸리는 더는 존재하지 않고 에너지 위기도 해결되지 않을 것입니다. 자폐아는 정신적으로 장애가 있는 것이 아니라 단지 성향이 폐쇄적인 것뿐이므로 한 가지 일에 몰두해 공부하게 되면, 그 분야에서 훌륭한 전문가가 될 수 있습니다."

유튜브를 통해 이 강연을 본 사람들은 자폐는 병이 아니라 신이 주신 특별한 능력이라는 것을 깨달았다. 자폐아들에게 세상을 바꿀 힘이 있다고 당당하게 말하는 그녀의 모습에는 범접할 수 없는 거룩함마저 묻어난다. 그 거룩한 힘이 〈타임〉에서 그녀를 '2010년 100대 인물' 중 한 명으로 선정한 이유일 것이다.

"어떤 마술이 지구상에서 자폐증을 없애버렸다면 인간은 여전히 동굴 입구에 지핀 모닥불 앞에서 노닥거리고 있을 것입니다."

세상은 어떤 시각으로 보느냐에 따라 달라진다. 동그란 모양으로 본다면 세상은 동그라미가 될 것이고, 세모난 모양으로 본다면 세상은 세모가 될 것이다.

달을 보고 "달이 참 아름답다"라고 말하는 것은 달이 정말 아름다워서일까, 아니면 달을 보는 사람의 마음이 아름다워서일까? 한 번쯤 곰곰이 생각해볼 문제이다.

모든 것은 마음먹기에 달렸다

"저는 결혼하지 못할 가능성이 높습니다. 자폐가 있으니까요. 하지만 만약에 사랑하는 사람이 생겨 결혼식을 한다면 동시 입장을 하겠습니다. 아버지가 배우자에게 저를 넘겨주는 게 아니라 제가 어른으로서 결혼하는 거니까요."

드라마 〈이상한 변호사 우영우〉에 나오는 대사이다. 천재적인 두뇌의 소유자 우영우는 자폐 스펙트럼을 동시에 가진 변호사이다. 이 드라마가 한창 유행할 때 템플 그랜딘을 모델로 했다고 해서 큰 화제가 된 적이 있다. 그러고 보면 둘의 행동과 생각과 인생은 묘하게 닮은 구석이 있다.

배우 박은빈은 이 역할을 제안받았을 때 많은 고민을 했다고 한다. 이 캐릭터가 누군가에겐 큰 상처를 줄 수도 있다고 생각했기 때문이다. 그래서 처음에는 우영우 역할이 불편했지만 어느 순간 당당하게 마음을 먹자 그때부터 그 캐릭터에 젖어들 수 있었다.

성당에 다니거나 한 번이라도 미사에 참석한 사람은 미사 중간에 가슴을 세 번 치며 "제 탓이요, 제 탓이요, 저의 큰 탓이옵니다"라고 말하는 것을 들었을 것이다.

문제는 항상 외부가 아니라 내부에 있다는 것을 잊지 말아야 한다. 무엇이 잘못되었을 때 먼저 자신을 돌아보는 자세와 습관이 중요하다.

모든 것은 마음먹기에 달렸다. 이 생각만 머릿속에 넣어두면 어떤 일을 할 때 두려워하거나 초조해하지 않게 된다. 자신에 대한 믿음과 신뢰가 생기는 것은 물론이다.

세상은 어떤 시각으로 보느냐에 따라 달라진다.
동그란 모양으로 본다면 세상은 동그라미가 될 것이고,
세모난 모양으로 본다면 세상은 세모가 될 것이다.

인정받기를 원한다면
진실한 마음으로 남을 대하라

노벨평화상 수상자 빌리 브란트

1970년 12월 7일 폴란드의 수도 바르샤바에 한파가 몰아닥쳤다. 한바탕 눈이 휩쓸고 간 바르샤바 국립묘지는 아침 일찍부터 교통이 통제되었다. 교통경찰들이 겹겹이 에워싸고 있는 가운데 검은색 차량이 줄을 지어 묘지 안으로 들어갔다. 지나가던 시민 한 명이 궁금증을 참지 못하고 경찰관에게 물었다.

"대통령이라도 방문하시나요?"

갑작스러운 질문에 당황해하며 경찰관이 대답했다.

"서독의 총리가 방문한다고 합니다."

"뭐라고요? 그놈이 여기에는 왜 온답니까?"

시민은 흥분을 가라앉히지 못하고 경찰관을 향해 소리를 질렀다.

"전쟁을 일으켜 죄 없는 수많은 사람을 죽인 놈들이 무슨 염치가 있어서… 그 희생자 가족이 버젓이 살아 있는데 그놈들이 무슨 낯짝으로 이곳을 찾는단 말이오. 그리고 폴란드 정부는 뭐 하는 게요. 그 전범들이 신성한 국립묘지 안에 발을 들여놓게 하다니."

그때서야 그 시민은 국립묘지 곳곳에 플래카드를 들고 서 있는 사람들을 봤다.

'40만 명의 폴란드인을 학살한 독일인은 사죄하라.'

'빌리 브란트 총리는 물러가라.'

당시 서독의 총리였던 빌리 브란트는 주위의 만류에도 불구하고 폴란드를 방문하자마자 곧바로 국립묘지로 향했다. 제2차 세계대전 당시 폴란드를 침공한 독일군이 수많은 사람을 죽인 것을 기리기 위해 만든 추모의 묘역이 있는 곳이었다. 소식을 들은 폴란드 국민과 유럽에 있는 수많은 기자가 이 역사적인 장면을 지켜보기 위해 모였다.

드디어 빌리 브란트가 위령탑 앞에 섰다. 정갈한 검은색 코트를 입은 그는 위령탑 앞에 헌화하고 천천히 뒤로 물러섰다. 그리고 잠시 묵념을 하는가 싶더니 털썩 무릎을 꿇었다. 현장에 있던 사람들은 빌리 브란트의 갑작스러운 행동에 당황했다. 그건 보좌관들도 마찬가지였다.

"총리님께서 기절하신 거 아냐."

"얼른 달려가서 부축하게나!"

하지만 빌리 브란트는 기절한 게 아니라 흐느껴 울고 있었다. 그건 제2차 세계대전 당시 독일 나치에 의해 희생된 폴란드 유대인들에게 올리는 진심 어린 사죄였다. 여기저기서 카메라 플래시가 터졌다. 그는 좀처럼 일어나지 못하고 차가운 바닥에 무릎 꿇고 앉아 오랫동안 묵념했다.

빌리 브란트의 이러한 행동은 유럽뿐만 아니라 전 세계적으로 알려졌다. 독일을 대표하는 총리가 위령탑 앞에 무릎 꿇고 흐느끼는 장면은 전범국 독일에 대한 증오심과 선입견을 바꿔놓았다. 묵념을 마치고 돌아서는 빌리 브란트에게 한 기자가 물었다.

"지금 총리님께서 하신 행동의 의미가 무엇입니까?"

빌리 브란트는 침착한 어조로 대답했다.

"인간이 말로써 표현할 수 없을 때 할 수 있는 한 가지 행동을 했을 뿐입니다."

또다시 여기저기서 카메라 플래시가 터졌다. 그리고 며칠 후 세계 언론들은 빌리 브란트의 이 사죄를 "무릎을 꿇은 것은 한 사람이었지만 일어선 것은 독일 전체였다"라고 평했다. 그것은 빌리 브란트가 시작한 독일 통일 프로젝트이자 유럽 전체의 평화와 통합을 향해 나아가는 '동방 정책'의 상징적 출발점이었다. 동독과 서독이 마침내 냉전을 관두고 화해와 협력으로 돌아서게 한 것이다. 하지만 당시 독일의 보수적인 사람과 정적은 브란트의 정책을 맹비난했다.

"빌리 브란트는 빨갱이다."

"동독에 언제까지 퍼주기만 할 거냐."

"근본도 모르는 사생아가 나라를 다 망쳐놓는다."

수많은 비난에도 불구하고 브란트는 흔들리지 않고 동독과 서독의 통합을 추진해나갔다. 그리하여 브란트 시대에 동독과 서독은 함께 유엔에 가입했고 이산가족 방문, 우편과 통신 교류, 무역을 통한 상호 화해와 발전을 이루었다. 1970년 브란트는 독일 분단 이후 처음으로 역사적인 정상회담을 성사시켜 상호 간에 경제와 여행, 스포츠 등의 분야에서 활발한 교류를 해나갔다.

1973년 빌리 브란트는 서독 총리로서는 처음으로 이스라엘을 방문했다. 당시 독일에 대한 유대인의 격앙된 감정으로 총리의 방문 자체가 껄끄러웠지만 브란트는 솔직하고도 정중하게 나치가 유대인들에게 가했던 만행에 대해 진심으로 사죄하고 용서를 구했다. 이에 이스라엘 총리가 화답한 말은 유명하다.

"우리는 용서한다. 그러나 잊지는 않을 것이다."

이 방문은 독일과 이스라엘의 화해에 크게 기여했다.

독일 젊은이들은 여전히 빌리 브란트를 '가장 좋아하는 독일 정치가'로 뽑는다. 1990년 동·서독이 통일되던 당시에도 독일 언론과 국민은 헬무트 콜이 아닌 빌리 브란트를 '독일 통일의 아버지'로 칭송했다.

브란트에 대한 독일인의 사랑은 1992년 그가 사망하자 전 국민의 애도로 이어졌고, 그의 유고 및 저술들을 정리하고 출판하기 위해 두 개의 재단이 설립됐다. 독일인의 브란트 사랑은 여기서 그치지 않고 1999년 독일이 통일되고 베를린으로 수도를 이전하자 총리 관저와 연방의회가 있는 거리를 '빌리 브란트 거리'로 명명하기도 했다.

《양철북》의 작가이자 노벨문학상 수상자인 귄터 그라스 또한 빌리 브란트의 열렬한 지지자였다. 귄터 그라스는 빌리 브란트의 집권 직후에 그의 연설문 대부분을 작성해주었고 여러 곳에 그에 관한 글을 씀으로써 무한한 애정과 지지를 보냈다.

빌리 브란트는 1913년 독일 북부 도시 뤼벡에서 태어났다.

"적극적인 행동이 사회를 변화시킨다."

빌리 그란트는 열여섯 살에 이런 신념을 가지고 사회주의 운동을 하기 위해 사회민주당에 입당했다. 그리고 나치스 반대 운동에 적극적으로 나섰다. 독일 국민은 나치스에 큰 희망과 지지를 보냈지만 빌리 브란트는 독재 파시즘을 인정할 수 없었다. 결국 나치스는 그의 국적을 박탈했고, 그는 쓸쓸히 노르웨이와 스웨덴 등지로 망명을 떠났다.

제2차 세계대전이 독일의 패배로 끝나고 귀국한 그는 사회민주당의 서베를린 시의회 의원으로 당선된 것을 시작으로 연방의회 의원, 서베를린 시장을 거쳐 1969년 드디어 독일 총리가 되었다. 그리고 그 이듬해 역사에 길이 남은 '폴란드 위령탑 앞에서 무릎 사죄'를 한 것이다.

독일과 유럽인은 이 사건 후 빌리 브란트를 더욱 눈여겨보게 되었다. 그때 한 언론에 의해 그의 가슴 아픈 과거사가 밝혀졌다. 그는 아버지가 누구인지 모르는 사생아였다.

"어린 시절 저에게 의지가 된 단 한 사람은 할아버지였습니다. 할아버지는 저의 유일한 친구이자 인생의 길잡이셨습니다."

그러던 어느 날 삼촌에게서 충격적인 사실을 들었다. 할아버지가 친할아버지가 아니라는 것이었다. 할아버지는 친딸이 아닌 그의 어머니를 친딸처럼 키웠고 자신 또한 친손자처럼 사랑해주었던 것이다.

"그 이야기를 듣고 많은 눈물을 흘렸습니다. 피 한 방울 섞이지 않은 저의 어머니와 저를 키워주신 그 크신 사랑에 깊은 감명을 받았습니다. 그때부터 제 머릿속에는 진실한 마음만 있으면 누구나 가족이 될 수 있고 사랑을 나눌 수 있다는 믿음이 자리 잡았습니다."

이런 평탄하지 않은 가족 관계는 그의 정적들에게 종종 공격의 대상으로 이용되기도 했다. 하지만 그는 이런 저급한 인신공격적 비난들을 현명하게 극복해냈다. 오히려 이런 공격을 당하는 와중에 그의 입장을 대변하는 많은 학자와 문학가 등 정치적 동료를 얻을 수 있었다. 앞에서 언급한 귄터 그라스 또한 그중 한 명이었다.

빌리 브란트는 1971년 노벨평화상을 수상하며 다음과 같은 연설문을 남겼다.

"젊은이들은 자주 제가 무조건적인 '예'나 '아니오'로 답변하길 기대합니다. 하지만 저는 이제 하나의 진리를 믿을 수 없게 되었습니다. 그래서 저는 젊은이들, 저로부터 그런

답을 듣기 원하는 그 밖의 사람들에게 이렇게 말합니다. 세상에는 다른 모든 진리를 배제하는 오직 하나의 진리가 아니라 무수한 진리가 존재한다고. 바로 그런 이유에서 저는 다양성의 가치를 신뢰합니다."

그리고 젊은이들에게 늘 긍정적인 사람이 되라고 당부했다.

"상황은 비관적으로 생각할 때만 비관적이 됩니다. 긍정적인 생각이 나를 긍정적으로 만들었습니다."

진심이란 마음을 다하는 것이다

'진심'이란 단어에는 여러 뜻이 있다. '거짓이 없는 참된 마음'을 뜻하는 진심眞心이 있고, '마음을 다함'이라는 진심盡心도 있다. 사랑도 일도 전자의 진심을 넘어 후자의 진심이 있어야 한다. 그래야 자신의 온 마음이 상대방에게 제대로 전달된다.

"내가 먼저 할 일은 나 자신에게 진실해야 한다는 점이다. 어찌 자신이 진실하지 못하면서 남이 나에게 진실하기를 바라겠는가? 만일 그대가 그대에게 진실하다면 밤이 낮을 따르듯 아무도 그대에게 거짓말을 하지 않게 될 것이다."

윌리엄 셰익스피어의 말이다.

진심이 있는 사람은 인정과 사과에 관대하다. 이런 사람은 자신의 잘못에 대해 적당히 인정하고 사과하지 않는다. 자기의 잘못으로 피해를 본 사람에게 어떤 식으로든지 물질적인 배상과 정신적으로 납득이 갈 때까지 마음을 다한다.

"나는 진심으로 살고 있는가?"

오늘 자신에게 물어보자. 일에 대한 성과와 만남의 결과에 연연하지 않고 온 마음을 다하고 있는지를.

상황은 비관적으로 생각할 때만 비관적이 됩니다.
긍정적인 생각이 나를 긍정적으로 만들었습니다.

3부

미래를 예측하기보단 미래를 만들어라

Il faut vivre comme on pense,
sans quoi l'on finira par penser
comme on a vécu.

목표를 이루고 싶다면
자신을 의심하지 마라

메이저리그 최고령 신인 투수 짐 모리스

'언젠가는 꼭 메이저리그 마운드에 오를 거야.'

짐 모리스는 어려서부터 메이저리그 투수가 되겠다는 꿈을 가지고 있었다. 그는 틈만 나면 정원에 설치된 연습장에서 목표물을 향해 공을 던졌다. 손가락이 부르트고 피가 나도록 던지고 또 던졌다. 땀이 온몸을 적셨지만 하루도 연습을 게을리하지 않았다.

'꿈을 이룰 수 있다면 이 정도는 아무것도 아니야.'

그러던 어느 날 아버지가 가족을 불러 모았다.

"모레까지 짐을 꾸리도록 하여라."

"또 이사를 해야 하나요?"

짐 모리스가 볼멘소리로 물었다.

"난 명령에 따를 뿐이야. 어서 짐을 꾸리렴."

군인인 아버지를 둔 짐 모리스는 수없이 이사를 해야 했다. 친구들과 좀 친하게 지낼 만하면 짐을 꾸려야 했다. 그 때문에 한 번도 안정된 야구 생활을 하지 못했다. 하지만 연습을 게을리하지 않은 덕분에 열아홉 살이 되던 해 당당히 1차 지명으로 밀워키 브루어스에 입단했다.

'이제 내가 메이저리그 마운드에 서는 날도 얼마 남지 않았어. 내 꿈이 이루어지는 날이 바로 코앞에 와 있다고.'

짐 모리스는 먼저 마이너리그 싱글 A팀에 소속되었다. 신인 선수가 마이너리그를 거치지 않고 바로 메이저리그에 직행하는 것은 메이저리그 역사상 30번도 되지 않을 만큼 어려운 일이다. 짐 모리스는 마이너리그에서부터 차례차례 자신의 꿈을 이루기로 했다. 그는 연습벌레답게 밤늦도록 훈련을 거듭했다.

"아악!"

어느 날, 짐 모리스에게 불행이 찾아왔다. 팔꿈치와 어깨 부상으로 공을 던질 수 없게 된 것이다. 그는 이 사실을 숨기고 경기에 출장했지만 고장 난 어깨는 좀처럼 말을 듣지 않았다. 결국 짐 모리스는 마운드를 내려와 수술을 받고 재활 훈련을 받았다. 그렇게 크고 작은 부상에 시달리던 짐 모리스는 더는 야구를 할 수 없는 몸이 되었다.

"짐, 그동안 수고했네. 부디 행운이 있기를 바라네."

그의 나이 스물다섯 때의 일이었다. 짐 모리스는 짐을 꾸려 집으로 돌아갔다. 자신이 한없이 원망스럽고 분했다.

'내 꿈이 여기서 이대로 끝나는 것일까?'

짐 모리스는 며칠 후 짐을 꾸려 길을 떠났다.

"인생에는 꼭 야구만 있는 건 아니야."

가족은 집에서 쉬며 다른 일을 찾아보라고 권했지만 그의 귀에는 아무 소리도 들리지 않았다. 짐 모리스가 텍사스를 여행하고 있을 때 우연히 시골 마을의 고등학교를 지나가게 되었다. 잔디밭에서는 아이들이 함성을 지르며 야구 연습을 하고 있었다. 옛날 생각이 났다. 그동안 잊고 있었던 야구에 대한 열망이 다시 솟아났다.

'그래, 나는 실패했지만 아이들을 가르치는 거야. 아이들에게 꿈과 희망을 주자. 혹시 모르지. 내가 가르친 아이 중에 메이저리거가 나올지.'

짐 모리스는 그날부터 텍사스 라운우드 고교에서 화학 교사 겸 야구 코치로 일했다. 동네 근처에 집도 구했다. 고장 난 줄만 알았던 그의 어깨와 팔꿈치도 점점 나아졌다.

무엇보다 아이들을 가르치는 것이 재미있고 신났다. 하지만 이 학교 야구부는 지역에서 늘 꼴찌를 도맡아서 하고 있었다.

"상황이 아무리 힘들다고 해도 꿈을 잃지 말아라. 늘 꿈을 향해 달리고 도전해라. 그게 야구보다 더 중요하다."

짐 모리스는 자신이 마이너리그에서 배운 것을 아이들에게 하나둘씩 가르치기 시작했다. 하지만 성적은 좀처럼 오르지 않았다.

어느 날 짐 모리스는 야구부원을 모아놓고 말했다.

"난 너희에게 늘 꿈을 이야기해왔다. 가슴속에 꿈을 품어야 목표와 의지도 생기고 실력도 향상된다고. 하지만 우리는 또 꼴찌를 했구나. 하하, 좋아. 오늘 내가 너희에게 근사한 제안을 하지. 만약에 다음 대회에서 우리 팀이 지역 예선을 통과한다면 나도 메이저리그에 도전하겠다."

여기저기서 웅성거리는 소리가 들려왔다.

"그래도 코치님은 몸무게가…."

"나도 알아. 내가 운동장을 돌면 땅이 쿵쿵 울릴 정도로 뚱뚱하지. 무려 135킬로그램이 나가니깐. 하지만 너희가 약속을 지키면 나 역시 너희와 한 약속을 꼭 지키마."

일종의 충격 요법이었다. 하지만 짐 모리스는 예상치 못한 상황에 놓였다. 아이들이 다음 대회에서 지역 예선을 통과한 것이다. 이제 짐 모리스의 약속만 남았다.

'일생일대의 도전이야. 그래, 한번 해보자.'

그날부터 짐 모리스는 밤마다 투구 연습에 들어갔다. 오랜만의 연습이었지만 폼이 몸에 배어서인지 생각보다 투구가 더 시원시원하게 날아갔다.

드디어 테스트 날이 다가왔다. 짐 모리스의 투구를 보려고 야구부원과 야구 관계자가 운동장에 모였다.

"코치님, 파이팅!"

"텍사스의 매운맛을 보여주세요!"

자신의 순서가 되자 짐 모리스가 다소 긴장한 듯한 모습으로 마운드에 올랐다. 그리고 숨을 크게 한 번 고른 뒤 포수를 향해 힘차게 공을 던졌다.

"팡!"

한 치의 오차도 없이 정확하게 가운데로 꽂히는 스트라이크였다. 육중한 몸에서 뿜어나오는 빠른 공에 그곳에 모인 사람들의 눈과 귀가 쏠렸다. 더욱 놀라운 것은 전광판에 찍힌 구속이었다. 무려 157킬로미터였다.

"악!"

"오 마이 갓!"

눈 깜짝할 사이에 벌어진 일이었다. 관중의 입이 떡 벌어졌다. 놀란 것은 아이들도 마찬가지였다. 짐 모리스는 그날 테스트에서 합격 소식을 받았다.

'죽은 줄만 알았던 내 팔이 다시 살아났구나.'

짐 모리스는 속으로 감탄했다.

테스트를 마치고 버스에 홀로 앉아 감격에 겨워 울고 있는 짐 모리스에게 한 아이가 다가왔다. 그리고 자신이 직접 사인한 야구공 하나를 건네며 말했다.

"이제 코치님 차례예요."

연이어 아이들이 하나둘씩 다가와 자신이 사인한 공을 건네며 덕담과 격려를 전했다. 짐 모리스는 눈물을 멈추지 못하고 아이들을 일일이 포옹했다.

"너희에게 한 약속은 꼭 지키마. 꼭 메이저리그 마운드에 서서 공을 던질 거야."

이때가 1999년으로 짐 모리스의 나이 만 35세였다. 135 킬로그램의 이 육중한 사내는 템파베이 데블 레이스 산하 더블 A팀에 입단했다. 그리고 같은 해 9월 19일, 그는 메이저리그 텍사스 구장 마운드에 올라 결국 자신의 꿈을 이뤄내고 만다. 비록 1대 6으로 크게 뒤진 상황에서 마운드에 올랐지만 아이들을 생각하며 혼신의 힘으로 공을 던졌다.

그리고 마운드에서 내려와서는 뜨거운 눈물을 흘렸다.

"코치님이 자랑스러워요."

"저희도 열심히 해서 꼭 메이저리그 선수가 될게요."

짐 모리스는 먼 길을 달려온 제자들을 일일이 안으며 말했다.

"너희가 없었다면 내 꿈도 사라졌을 거야. 고맙다. 너희와의 약속을 지킬 수 있어서 기쁘구나. 그리고 나와의 약속 또한."

아직도 깨지지 않는 메이저리그 최고령 신인 투수 기록을 가진 짐 모리스는 그날의 경험에 대해 한 인터뷰에서 이렇게 말했다.

"오랫동안 가슴속에 품었던 꿈을 이루었습니다. 그게 너무 기쁩니다. 전 심장이 가슴 밖으로 빠져나오는 줄 알았습니다."

짐 모리스는 2년간 템파베이에서 21경기에 등판해 15이닝을 던진 게 전부였다. 승패는 없었고 방어율 4.80을 기록했다. 그리고 2001년에는 박찬호가 마지막 시즌을 보낸 LA 다저스로 옮겼지만 팔꿈치 통증이 재발하면서 은퇴해야 했다. 은퇴하면서 짐 모리스는 다음과 같은 말을 남겼다.

"모두가 불가능한 도전이라고 생각했던 약속을 아이들

과 지켜내며 꿈의 중요성을 직접 체득했습니다. 전 꿈을 꾸었고 그 꿈을 이루어냈습니다."

'꿈을 가져라'라는 약속을 지키기 위해 만 35세라는 늦은 나이에 결국 메이저리거가 된 전설적인 인물 짐 모리스의 이야기는 훗날 영화 〈루키〉로 제작되어 많은 이에게 감동을 선사했다.

수많은 대학과 기업에서 강연한 짐 모리스는 한 인터뷰에서 다음과 같이 말했다.

"내가 남들에게 가장 자랑스럽게 들려주는 이야기는 나를 믿어준 가족과 꿈에 대한 것이다. 내가 증명해 보였듯이 여러분도 자신의 꿈을 끝까지 포기하지 말고 계속 추구하기 바란다. 대신 그 꿈이 실현되도록 온 정성을 쏟아서!"

기적은 노력의 또 다른 이름이다

"삶을 사는 데는 두 가지 방법이 있다. 하나는 기적이란 없는 듯이 사는 것, 또 하나는 모든 일이 기적인 듯이 사는 것이다."

알베르트 아인슈타인의 말이다. 아인슈타인은 훌륭하고 영감 있는 모든 것은 자유로운 상태에서 열심히 노력하는 사람에 의해 창조된다고 생각했다. 그 또한 수많은 실험과 실패를 통해 오늘날과 같은 명성을 얻었다.

인생은 이생二生이 아니라 일생一生이라는 말이 있다. 주어진 하루하루를 어떻게 보내느냐에 따라 기적을 이룰 수도 있고 실패자가 될 수도 있다. 간절한 마음으로 아름다운 집을 만드는 건축가와도 같이 차근차근 정성을 다해 삶에 임해보자. 그리고 기회가 찾아왔을 때 그것을 놓치지 말고 두 손으로 꽉 움켜쥐어야한다. 기회는 당신의 인생에서 조만간 기적이 일어날수 있다는 예비 신호이다.

태어난 지 19개월 만에 보지도 듣지도 못하게 된 헬렌 켈러는 설리번 선생님의 도움으로 장애를 극복했다. 그리고 훗날 훌륭한 여성 인권 운동가가 되어 아직까지도 추앙받는 위인으로 남아 있다. 헬렌 켈러는 한 인터뷰에서 이런 말을 남겼다.

"우리가 최선을 다할 때 어떤 기적이 우리 인생, 또는 다른 사람의 인생에 일어날지 알 수 없다."

내가 증명해 보였듯이 여러분도 자신의 꿈을 끝까지 포기하지 말고 계속 추구하기 바란다. 대신 그 꿈이 실현되도록 온 정성을 쏟아서!

꿈을 실행하지 않으면
후회할 것이다

아마존 창업자 제프 베조스

뉴욕의 심장부인 센트럴 파크에 위치한 어느 고급 아파트. 울창한 숲 사이로 부지런한 사람들이 조깅을 하고 호숫가에는 오리가 줄을 지어 이동하고 있었다.

"여보, 그만 일어나세요."

아침 준비를 하고 있던 아내가 큰 소리로 외치자 제프 베조스가 벌떡 일어났다. 그리곤 습관처럼 화장실로 가서는 〈월스트리트〉를 펼쳐 들었다. '성공을 원하는 사람은 〈타임〉을 읽고 성공한 사람은 〈월스트리트〉를 읽는다'고 했던가? 제프 베조스의 일과는 언제나 〈월스트리트〉를 읽는 것으로 시작했다. 그도 그럴 것이 제프는 현재 월스트리트에서 가장 잘나가는 펀드 매니저 중 한 명이었다. 타고난 천재성과 직관으로 탁월한 수익을 올리며 스물여섯이라는 나이로 최연소 부사장에 오른 전도유망한 젊은이. 연봉은 무려 100만 달러가 넘었다.

하지만 제프 베조스가 원래부터 펀드 매니저가 되려고 했던 것은 아니었다. 1964년 마이크로소프트사의 첫 번째 사무실이 있던 뉴멕시코주 앨버커키에서 태어난 제프 베조스는 우주비행사나 물리학자가 되는 것이 꿈이었다. 하지만 그의 나이 열일곱 살에 충격적인 사실을 알게 되었다.

'내가 아버지의 친자식이 아니라고?'

그건 일생일대의 충격이었다. 남편을 여읜 어머니가 그를 임신한 상태로 지금의 아버지와 재혼한 것이었다. 말 그대로 사생아였다. 하지만 그는 어머니와 양아버지의 극진한 사랑 덕에 나쁜 길로 빠지지 않았다. 이미 어린 시절부터 과학에 천재적인 소질을 보였던 그는 과학영재학교에서도 뛰어난 학생으로 주위의 찬사를 받았다.

"앞으로 컴퓨터가 세상을 지배하게 될 거야."

양아버지의 조언은 제프 베조스에게 큰 힘이 되었다. 그는 고교 졸업과 동시에 미국의 명문 프린스턴 대학 컴퓨터공학과에 우수한 성적으로 입학했다. 그리고 대학을 수석으로 졸업했다. 졸업을 앞둘 무렵 인텔 같은 유수한 회사로부터 취업 제안을 받았지만, 정작 제프가 선택한 회사는 피텔이라는 무명의 벤처 기업이었다.

'대기업에 들어가 안정된 생활을 하는 것도 좋지만 나를 필요로 하는 가능성 있는 회사에 가고 싶어.'

이곳에서 컴퓨터 시스템을 담당했던 그는 회사의 사정이 나빠지자 2년 만에 퇴사하고 월스트리트로 향한다. 인터넷 회사에서 컴퓨터 관리를 맡았지만 일에 대한 회의를 느끼고 펀드 매니저로 직업을 바꾸었다.

하지만 그의 마음속에는 늘 컴퓨터에 대한 애정이 숨 쉬고 있었다. 그런데 오늘 아침 〈월스트리트〉에서 '인터넷 인구가 기하급수적으로 늘어나고 있다'라는 기사를 본 것이다. 화장실에 앉아 기사를 읽고 있던 그의 가슴에서 뜨거운 열정이 피어올랐다.

'드디어 새로운 세상이 시작되는 건가?'

제프 베조스는 회사에 출근해서 사표를 제출했다. 그리고 아내를 불러 말했다.

"여보, 이제 곧 새로운 세상이 시작될 거야. 인간은 인터넷 없이는 살 수 없는 그런 세상 말이야. 우리는 서부로 떠날 거야. 어서 짐을 꾸려."

"무슨 좋은 사업 아이템이라도 있어요?"

"그 이야기는 가면서 차차 하기로 하지."

"뉴욕에서 LA까지는 6시간밖에 걸리지 않아요. 일생일대의 중요한 이야기를 그 시간 동안 다 하겠다고요?"

"여보, 우린 비행기를 타지 않을 거야. 이번 기회에 미국 횡단을 하고 싶어. 당신하고 많은 이야기를 나누면서."

둘은 자동차를 빌려 길을 떠났다. 오래간만에 맞는 휴가 아닌 휴가 덕분에 즐거웠다. 아내는 운전을 하고 제프 베조스는 구체적인 사업 아이디어를 쏟아내기 시작했다.

"인터넷에 상점을 차리는 거야. 내가 생각하는 품목은 우선 다섯 가지야. 책, 비디오, 시디, 컴퓨터, 그리고 컴퓨터 프로그램이지. 나는 그동안 이 다섯 가지 품목이 시장에서 어떻게 팔리고 있는지 조사했어. 어느 회사 제품의 품질이 좋은지, 가격은 어느 회사 것이 저렴한지, 소비자는 어떤 제품을 원하는지 꼼꼼히 체크해봤어."

"그래서요?"

"먼저 책을 파는 거야. 한 번의 클릭만으로 원하는 책을 주문해 집에서 받아볼 수 있게 하는 거야. 일종의 전자 상거래이지. 그에 필요한 제품 확보와 배송 시스템에 어떤 문제가 있는지도 철저하게 준비했어."

"그 분야는 당신이 전문가이니 아무 걱정이 없어요. 하지만 시스템을 구축할 자금은 있나요? 회사 이름은 정했나요?"

"자금은 지금부터 모아야지. 이름은… 아마존이 어떨까 싶어."

"아마존요? 브라질에 있는?"

"그래, 맞아. 아마존 정글은 남아메리카 아홉 개 나라에 걸쳐 있는 세계 최대의 열대우림 지역이지. 지구 산림의 30%를 차지하고 있어. 거대한 물줄기를 자랑하는 강물과 하늘을 찌를 듯이 솟은 나무로 가득한 그곳은 아직도 많은 것이 비밀로 남아 있는 신비의 공간이야. 이루 헤아리기조차 어려울 만큼 수많은 생명이 사는 아마존 정글처럼 인터넷을 사용하는 소비자들에게 다양한 제품을 소개하고 싶어. 일반 서점에서는 좀처럼 찾을 수 없는 책도 우리 아마존에 오면 찾을 수 있다는 것을 알리고 싶어."

"근사한데요."

"지금은 사람들이 아마존을 밀림으로 생각하겠지만 몇 년 후에는 '아마존' 하면 인터넷 서점과 쇼핑몰을 생각하게 될 거야."

시애틀에 도착한 부부는 차고를 얻었다. 그리고 주변 친척과 친구들에게 창업 자금을 빌렸다. 모두 200만 달러의 창업 자금을 모은 그들은 1995년 7월 대망의 아마존 서비스를 개시했다. 정식 오픈 날, 제프 베조스는 다음과 같은 연설을 했다.

"사람들이 온라인에서 원하는 것은 무엇이든 제공하는 기업, 지구상에서 가장 고객을 중시하는 기업이 됩시다."

이 말은 곧 아마존닷컴의 사명 선언문이 되었다. 하지만 곧 위기가 찾아왔다. 원래 서적 유통 전문가들은 그에게 30만 권을 가지고 아마존을 시작하라고 조언했다. 하지만 제프 베조스는 200만 권이라는 어마어마한 규모의 책을 판매했다. 이로 인해서 재정적인 어려움이 컸지만 세상에서 가장 큰 서점이라는 평판을 얻을 수 있었다. 일반 서점에서 구하기 힘든 책도 아마존에 있다는 입소문이 퍼지자 하루가 다르게 아마존의 명성이 쌓여갔다.

"꿈을 실행하지 않으면 후회할 것이다. 하지만 철저한 분석과 검증 없이 한다면 더욱 후회할 것이다."

무모한 시작이었지만 세계 최고라는 타이틀을 얻은 덕분에 아마존은 전 세계 160개국으로부터 주문을 받을 정도로 급성장했다.

아마존닷컴은 1995년부터 2000년까지 매해 200%가 넘는 성장률을 기록했고, 제프 베조스는 인터넷 최고 거상으로 떠올랐다.

"많은 사람이 아마존에 몰리는 것은 책값이 싸거나 구입하기 쉬워서가 아니라 그곳이 '아마존'이기 때문이다."

급기야 1999년 〈타임〉에서는 그를 '올해의 인물'로 선정했고, 그의 재산은 100억 달러가 넘어 미국에서 19번째 갑부로 등극했다. 하지만 인터넷 붐 붕괴가 본격화된 2000년대에 들어서자 아마존닷컴 역시 심각한 위기론에 휩싸인다. 특히 세계적인 투자 은행 리먼 브라더스는 1년 안에 아마존닷컴이 망할 것이라고 단언하기까지 했다. 웬만한 비관론에는 신경 쓰지 않던 낙천적인 성격의 제프 베조스도 위기감에 사로잡혔다.

'이대로 무너질 순 없어. 아니, 절대 무너지지 않을 거야.'

하지만 보고서가 발표된 지 일주일 만에 주가가 19%나 급락했다. 마침 회사의 성장세는 둔화되었고 불어나는 재고로 인해서 적자가 기하급수적으로 증가했다. 100달러에 이르던 주식은 6달러까지 곤두박질쳤다. 한때 100억 달러에 이르던 그의 재산도 2002년에는 15억 달러로 줄어들었고, 아마존닷컴은 바람 앞의 등잔불과도 같은 운명에 처했다.

"오늘부터 아마존닷컴은 생존을 위한 비상 경영 체제로 돌입한다!"

제프 베조스는 2001년 1300명에 이르는 직원을 해고하고 사업 다각화를 시도했다. 책만 파는 회사가 아니라 장난감에서부터 보석 그리고 컴퓨터와 휴대폰 같은 전자 제품까지 파는 종합 인터넷 쇼핑몰로의 변신이었다. 처음에는 인터넷 서점이라는 강력한 브랜드가 약화한다는 우려의 목소리가 있었지만, 인터넷 만물상으로의 변신은 완벽하게 성공을 거두었다. 제프 베조스는 어려움 속에서도 끝까지 네 가지 원칙을 지켰다.

"첫째, 고객을 먼저 생각하는 것. 둘째, 원하는 결과물을 얻을 때까지 끊임없이 창조하고 또 창조하는 것. 셋째, 장기적인 시각으로 바라보는 것. 넷째, 언제나 처음의 마인드를 갖는 것."

부자처럼 생각하고 부자처럼 행동하라

"인생의 100가지 문제 중에 99가지 문제의 해답은 바로 돈에 있다."

미국의 경제 전문지〈포브스〉창업자인 맬컴 포브스의 말이다. 그는 편집부의 만류에도 불구하고 '부자 리스트'를 만들어 소위 대박을 터뜨렸다. 이를 계기로 매년 세계 부자 순위를 발표하고 있다.

부자가 되고자 하는 열망을 갖는 것은 나쁜 일이 아니다. 정상적인 사람이라면 그러한 욕망을 가질 수밖에 없다. 따라서 부자가 되는 지혜와 비결에 관심을 두는 것 역시 당연한 일이다. 부자가 되기 위한 첫 번째 단계는 원하는 것을 계속해서 철저하게 생각하는 습관이다. 대부분 사람이 가장 싫어하는 일 중 하나는 지속적으로 꾸준하게 사고하고, 실천하는 것이다.

당신이 얻고자 하는 게 있으면 머릿속으로 이미지화시켜라. 그것을 얻고 난 후의 당신 모습을 상상해보는 것도 좋다. 여기서 잊지 말아야 할 것은 우리는 원하는 것을 창조할 수도 있고, 원하는 것을 소유할 수도 있으며, 원하는 존재가 될 수도 있다는 점이다. 인간의 삶은 그가 생각하는 방식이 낳은 결과물이다.

인도의 총독대리를 지낸 영국 정치가 리턴은 "돈을 소홀히 대하거나 돈에 대해 함부로 말하거나 행동하지 마라. 돈에 대한 당신의 태도는 곧 당신의 수준이다"라고 했다. 돈에 집착해서도 안 되지만 돈을 소홀히 해서도 안 된다.

꿈을 실행하지 않으면 후회할 것이다.
하지만 철저한 분석과 검증 없이 한다면
더욱 후회할 것이다.

좋아하는 일을 열심히 하는 것이
휴식을 취하는 것이다

아동 교육자 마리아 몬테소리

"여자는 왜 안 된다는 거죠?"

로마 대학 의과대학의 학장 사무실에서 앙칼진 한 여자의 목소리가 들렸다. 학장인 바첼리 교수는 차분한 어조로 달래듯이 말했다.

"마리아, 의학은 여자가 감당하기에 힘든 일이야. 고통과 신음하는 사람들의 모습을 봐야 하고, 하루에도 몇 번씩 죽음과 마주해야 하네. 온몸에 피를 묻히고 메스로 생살을 갈라야 해. 남학생들도 가끔 수술하다가 기절하곤 하네. 고단하고 힘든 일이야."

"그래도 전 사람들을 돕고 싶어요. 죽어가는 사람들도 제

손으로 살리고 싶고 그들 곁에서 함께 숨 쉬고 싶어요."

"자네 뜻이 정 그렇다면 간호사를 해보는 게 어떤가? 힘들고 어려운 일이기 때문에 여자 의학생이 그동안 한 명도 없었던 것 아닌가?"

"바로 그 점 때문에 꼭 의사가 되고 싶어요. 학장님, 제발 허락해주세요. 전 성적도 우수하고 어릴 때부터 의사가 되는 게 꿈이었습니다. 이대로 포기하지 않을 겁니다."

바첼리 교수가 착잡한 표정으로 말했다.

"유감이네, 마리아."

마리아는 낙심한 표정으로 학장실을 나섰다. 1870년 귀족 출신의 회계사 아버지와 교육자 가정 출신의 어머니 사이에서 태어난 마리아는 어려서부터 머리가 좋고 수학에 뛰어난 재능을 보였다. 당시 여자들에게 가장 좋은 직업은 교사라고 생각했기에 그녀의 부모님은 딸이 교사가 되길 원했다. 그러나 마리아는 전통적인 여성상을 받아들이지 않고 자신이 원하는 삶으로 자신의 인생을 개척해나가고자 했다.

'난 꼭 의사가 될 테야. 여학생이라는 이유로 의대에 들어갈 수 없다는 것은 너무 불공평해.'

마리아는 그날부터 이탈리아 국왕과 교황을 만나러 다

녔다. 그녀의 끈질긴 설득 때문이었을까? 로마 대학은 그녀의 입학을 허락했다. 이로써 마리아는 이탈리아 최초의 여자 의대생이 되었다. 성적도 우수해 늘 장학금을 탔다. 마리아는 1896년 스물여섯의 나이로 이탈리아 최초의 여의사가 되었다.

'드디어 꿈에도 그리던 의사가 되었구나.'

신경학을 주제로 한 논문을 제출해 피해망상에 관해 연구하는 의학박사가 된 마리아는 그다음 해에 로마 대학 부속병원에서 정신과 교수의 조수가 되었다. 마리아가 처음 맡은 일은 로마에 있는 종합정신병원에 수용된 어린아이들을 방문하는 것이었다. 하얀 가운을 입은 자신의 모습이 신기하고 뿌듯한지 마리아의 입가에는 웃음이 떠나질 않았다.

'드디어 첫 번째 내 환자를 만나는구나.'

당시 이탈리아를 비롯한 유럽에서는 지체 장애가 있는 아이들을 치료 대상이 아닌 격리 대상으로 여겼다. 그래서 아이들을 모두 정신병원에 가두었다.

마리아가 병원에 도착해 처음 본 것은 감옥과도 같은 방에 죄인처럼 웅크리고 앉아 있는 아이들이었다. 자신의 몸조차 가누지 못하는 아이들은 죄인처럼 머리를 이리저리

흔들며 앉아 있거나 누워 있었다. 방 안에는 손을 사용해서 조작할 수 있는 어떤 장난감이나 도구도 없었다. 벽으로 둘러싸인 텅 빈 곳에 수많은 아이가 운집해 있을 뿐이었다. 그때 이곳을 담당하는 관리인이 그녀 앞으로 다가왔다.

"한심해 보이지 않아요?"

"뭐가요?"

"저 아이들 말이에요. 저 아이들은 동물보다 더 한심스러워요. 먹을 것을 가지고 오면 서로 먹겠다고 달려들어 난장판을 만들어놓곤 하지요. 제대로 먹지도 못해요. 옷이나 바닥에 음식물을 흘려 몇 번씩 청소해야 하지요. 저 아이들은 마치 먹기 위해서만 사는 것 같아요."

이 말에 마리아는 큰 충격을 받았다.

"왜 아이들을 저렇게 내버려두는 거죠? 아이들이 불쌍하지도 않아요? 저들도 우리와 같은 인간이에요."

"글쎄요? 여기에서 일주일만 있어보면 생각이 바뀔 거예요."

마리아는 그날부터 의사의 눈으로 아이들을 지켜봤다. 관리인의 말대로 아이들은 먹을 것이 들어오면 죽기 살기로 경쟁했다. 하지만 며칠이 지나자 아이들이 단순히 먹는 것 자체보다 손을 사용해 무엇인가를 표현하려는 갈망이

크다는 사실을 알았다.

'저 아이들은 손으로 무엇인가를 하고 싶은 거야. 놀만 한 것이 없으니 빈 그릇이나 빵 조각을 가지고 노는 거야. 아이들의 손에 무엇인가를 쥐여줘야 해.'

그러던 어느 날, 마리아는 공원에서 한 거지 모녀를 보았다. 마리아는 순간적으로 발걸음을 멈췄다.

"이 불쌍한 모녀에게 먹을 것을 주세요."

구걸하는 어미 옆에서 어린 딸이 헌 보자기 하나를 손에 들고 접었다 폈다 하면서 놀고 있었다. 혼자 중얼거리며 노는 모습이 무심하고 평온해 보였다. 어느 순간 아이의 얼굴에서는 환한 미소가 번졌다.

'역시 아이들에게는 무엇인가를 가지고 놀게 해야 해.'

마리아는 그날부터 지체 장애아들의 교육 방법에 관해 연구하기 시작했다. 동료 의사와 사랑에 빠진 것도 이 무렵이었다. 힘들게 아들을 낳았지만 남편은 곧 그녀 곁을 떠났다. 결혼도 하지 않은 채 아이를 낳은 미혼모를 천시하던 당시 풍토 때문에 마리아는 아들을 유모에게 맡겼다. 자기 아들과 지체 장애아들을 생각하니 이대로 있을 수만은 없었다.

'아이들에게 더 나은 세상을 보여줘야 해. 그러기 위해서

는 더 많은 공부가 필요해.'

마리아는 다시 대학으로 돌아가 심리학과 철학을 공부해 1905년 로마 대학 인류학 교수로 취임했다. 그리고 2년 후 교수직을 버리고 빈민가에 빈곤층 자녀를 위한 '어린이의 집'을 개설했다.

'이제부터 내 인생은 어른들에게는 알려지지 않은 세계에 바칠 것이다. 그것은 바로 어린이들의 세계야."

이곳에서 마리아는 가난한 집에서 태어난 두 살부터 여섯 살 난 아이들을 교육했다. 지적 장애 아동을 교육하던 방법을 더욱 발전시켜서 정상적인 아이들에게도 적용했는데, 그 결과는 예상 밖으로 너무나 훌륭했다. 마리아가 선택한 교육의 요체는 '놀이를 통해 아이 스스로 배우게 한다'는 것이었다. 실제로 아이들은 작은 물건 하나만 있어도 만지고 느끼며 스스로 세계를 만들어나갔다. 그것이 아이들의 지력을 향상시키고 감각을 풍부하게 만들 뿐만 아니라 인성도 교정하는 것을 지켜보았다.

'무조건 아이들에게 주입식으로 가르치는 방법은 안 돼. 아이들의 인격을 존중하면서 아이들의 눈높이에 맞춘 교육이 필요해. 그동안 아이들은 어른들의 가구에 맞춰 살아왔어. 이것부터 바꿔야 해.'

마리아의 노력으로 아이들의 신체 구조에 맞는 책상과 의자가 이때 처음 개발되었고, 아이들이 흥미로워하는 갖가지 교재 도구도 세상에 나왔다. 이를 통해 아이들의 학습 능력은 나날이 발전해갔다. 마리아의 교육 성과는 점차 입소문을 타고 세상에 알려졌다. 그녀는 아이들과 생활하면서 관찰하고 경험한 것을 바탕으로 책을 펴내 이를 널리 알렸다. 그녀의 풀 네임인 '마리아 몬테소리'는 더욱 유명해졌고 이탈리아 여왕이 친히 방문하기도 했다. 마리아 몬테소리가 설립한 어린이의 집과 아이들이 노는 모습을 본 여왕이 감탄하듯이 말했다.

"이건 마치 기적과도 같습니다. 마리아, 당신은 정말 훌륭한 일을 해냈습니다."

그러자 마리아 몬테소리가 대답했다.

"여왕님, 이건 기적이 아닙니다. 어린이들은 내면에 보물을 가지고 있습니다. 단지 발견되기를 기다리고 있을 뿐입니다."

여왕이 고개를 끄덕이자 마리아 몬테소리가 말을 이었다.

"영원히 지속할 평화를 이룩하는 것은 교육이 할 일입니다. 정치가 할 수 있는 것이라고는 우리를 전쟁에서 지켜주는 것뿐입니다."

그 말에 여왕은 환한 웃음을 지었다.

마리아 몬테소리의 명성은 더욱 커졌고, 이것이 오늘날 몬테소리 교육의 토대이자 출발점이 되었다. 그 후 장관급 교육감독관을 10년간 지냈고 1952년 타계하기 전 3년 연속으로 노벨평화상 후보에 올랐지만 선정되지는 못했다. 유로화가 통용되기 전 이탈리아의 1000리라짜리 지폐 속 주인공이기도 했다. 마리아 몬테소리는 후세에 다음과 같은 말을 남겼다.

"좋아하는 일을 열심히 하는 것이 휴식을 취하는 것이다. 당신이 높은 곳에 오르려고 하는데 누군가 당신을 밑으로 끌어내리려 한다면 당신의 선택은 두 가지이다. 밑으로 내려가 그와 싸우거나 아니면 그의 손이 닿지 않을 정도로 높은 곳으로 올라가는 것이다."

휴식은 자신을 되돌아볼 좋은 기회 PLUS PAGE

유럽 탐험가들이 원주민과 함께 보물을 찾아 나섰다.

"보수는 넉넉하게 주리다."

탐욕에 눈이 먼 탐험가들은 쉬지도 않고 목적지로 향했다. 그런데 사흘째 되는 날 원주민들이 갑자기 꿈쩍도 하지 않았다. 영문을 알 수 없는 탐험가들은 재촉하듯이 말했다.

"도대체 이유가 뭐요? 돈이 부족합니까?"

그때 원주민의 우두머리가 대답했다.

"우리는 이곳까지 쉬지도 않고 너무 빨리 왔습니다. 우리 영혼이 우리를 따라올 시간을 주기 위해 이곳에서 쉬어야 합니다."

이 이야기는 속도와 효율성을 내세우다 영혼을 상실한 현대인의 모습을 그대로 드러내고 있다. 자신이 하는 일에 영혼이 따르지 않으면 불행해지기 마련이다. 우리는 행복해지기 위해 산다. 불행을 위해 사는 사람은 아무도 없다. 하지만 잊지 말아야 할 것이 있다. 진정한 행복은 이다음에 이루어야 할 목표가 아니라 지금 이 순간에 존재한다는 것이다. 아무리 바쁜 일이 있더라도 잠시 일을 내려놓고 지금의 자신을 바라볼 수 있는 시간이 필요하다.

"인간은 어떻게 쉬느냐에 따라 그 인생이 달라진다."

에리히 프롬의 충고를 잊지 말고 기억해야 한다.

당신이 높은 곳에 오르려고 하는데 누군가 당신을 밑으로 끌어내리려 한다면 당신의 선택은 두 가지이다. 밑으로 내려가 그와 싸우거나 아니면 그의 손이 닿지 않을 정도로 높은 곳으로 올라가는 것이다.

하루하루의 삶이 도전의 연속이다

'살아 있는 비너스' 구족화가 앨리슨 래퍼

2005년 영국의 트래펄가 광장에 한 여인의 조각상이 세워졌다.

"아니, 제게 뭐지?"

"새로운 비너스상인가?"

보면 볼수록 신기한 조각상이었다. 밀로의 비너스상처럼 양팔 없이 어딘가를 응시하고 있는 모습이 매혹적이면서 슬퍼 보였다. 카메라를 든 관광객들은 넬슨 탑과 유명한 사자상을 뒤로하고 그 조각상 앞으로 몰려들기 시작했다.

5미터짜리 이 조각품은 영국인뿐만 아니라 전 세계 관광객들에게 큰 화제가 되었다. 이 작품을 조각한 사람은 영국의 현대 미술가 마크 퀸. 작품 이름은 '임신한 앨리슨 래퍼'였다. 실제 모델인 앨리슨 래퍼는 당시 임신 9개월이었고 대영제국 국민훈장까지 받은 유명한 화가였다.

훗날 이 조각품은 2012년 런던 패럴림픽 개막전에 다시 공개되었다. 조각품을 가운데 두고 '초인들의 도전'이라는 감동적인 무대가 펼쳐졌고, 스티븐 호킹 박사는 "우리는 모두 다르고 표준 인간은 없다. 삶이 아무리 힘들더라도 모든 사람에겐 특별한 성취를 이뤄낼 힘이 있다"라는 명연설을 했다.

전 세계인에게 큰 감동을 주고 장애인들에게는 꿈과 희망을 선사하는 앨리슨 래퍼. 그녀의 삶은 시작부터 순탄하지 않았다.

"으앙!"

1965년 한 여자 아기가 힘찬 울음을 터트렸다. 세상의 축복을 기대하며 태어난 아기는 '해표지증' 진단을 받았다.

"이 아이는 평생 팔과 다리가 자라지 않을 겁니다."

부모는 절망에 빠졌다. 며칠을 고민하다가 아기를 고아원에 맡겼다. 생명과도 같은 자신의 자식을 버린 것이다.

"이 녀석, 울음소리 한번 우렁차구나."

고아원 원장은 아기를 안고 달래며 말했다.

"너는 귀하게 태어난 생명이란다. 하나님이 널 이 땅에 보낸 이유가 분명 있을 거야. 나와 함께 그 이유를 찾아보자꾸나."

원장은 아기에게 앨리슨 래퍼라는 이름을 지어주었다. 래퍼는 보육원 원장의 극진한 사랑 속에서 무럭무럭 자라났다. 하지만 의사의 말대로 팔과 다리는 더 이상 자라지 않았다.

"괴물이다. 팔과 다리가 없어."

"너 같은 건 죽어버리는 게 나아."

고아원 아이들은 수시로 래퍼를 놀려댔다. 래퍼를 때리고 도망가는 아이들도 있었다. 그럴 때마다 래퍼를 감싸주고 위로해준 것은 원장이었다.

"이 녀석들 그만두지 못해. 래퍼는 하나님의 특별한 자식이야. 너희가 자꾸만 래퍼를 괴롭히고 놀리면 하늘에서 큰 벌을 내릴 거야."

래퍼의 하루하루는 생존을 위한 전쟁이었다. 아이들의 놀림보다 더 참을 수 없는 것은 입양을 원하는 사람들의 방문이었다. 다른 아이들은 양부모의 선택을 받아 하나둘씩 고아원을 떠났지만, 래퍼는 사람들의 놀란 표정과 충격에 휩싸인 눈동자를 봐야만 했다.

'난 버림받은 인생이야. 이렇게 살아서 뭐 해.'

래퍼는 수차례 자살을 결심했지만 팔다리가 없어 그것조차 행동에 옮기지 못했다. 그렇게 고아원에서 지내던 래퍼에게도 빛이 찾아왔다. 래퍼에게 청혼이 들어온 것이다.

"평생 당신의 팔다리가 되어주겠소."

래퍼는 이 남자가 자신을 위해 하늘에서 보낸 천사라고 생각했다. 그의 간절한 청혼을 받아들여 결혼식을 올렸다. 래퍼의 나이 스물두 살 때였다. 남편은 약속대로 래퍼를 위해 지극정성을 다했다. 밥을 먹이고 목욕을 시키고 외출을 도와주는 것은 모두 남편의 몫이었다.

'이 행복이 영원히 끝나지 않았으면 좋겠어.'

래퍼의 바람은 결혼한 지 3개월 만에 끝이 났다. 남편은 점차 퇴근 시간이 늦어지더니 하루가 멀다 하고 술을 마시고 들어왔다.

"이게 다 너 때문이야. 팔다리 없는 너 같은 병신한테 콩깍지가 씌인 내 실수야."

그렇게 술을 마시고 들어온 날은 남편의 가혹한 폭력에 저항도 하지 못한 채 피가 나도록 맞아야만 했다.

"죽어, 죽어. 차라리 죽어버려. 이제 그만 내 인생에서 사라져줘. 너 때문에 가족도 잃고 친구들도 떠나버렸어."

"여보, 제발 따뜻하고 자상했던 예전으로 돌아와줘요."

"흥! 웃기는 소리 말아. 내가 너와 결혼한 건 사랑이 아니라 동정이었어. 당장 너와 이혼하고 싶어. 얼른 여기에 사인이나 하라고."

하지만 래퍼는 사인하지 않았다. 그럴 때면 남편의 폭력은 더욱 심해졌다. 그렇게 참고 견딘 것은 부모에게 버림받고 힘들게 이룬 가정의 행복을 놓치고 싶지 않아서였다.

'참아야 해. 참고 견디면 남편도 예전처럼 돌아올 거야.'

하지만 그녀의 바람은 이루어지지 않았다. 그렇게 2년간 가혹한 폭력이 이어졌고, 더는 참을 수 없게 된 래퍼는 그가 내민 이혼 서류에 사인했다.

남편이 떠난 집에서 래퍼는 또다시 혼자가 되었다. 그렇게 며칠을 서럽게 울던 어느 날 래퍼는 마음속으로 다짐했다.

'더는 불행을 허락하지 않을 거야. 나는 팔다리가 없다. 하지만 내겐 입이 있어. 입 말고 내가 가지고 있는 것이 있다면 그건 무엇일까?'

래퍼는 그림을 좋아했던 어린 시절을 떠올렸다.

'난 그림을 좋아했지. 내게 붓을 잡을 수 있는 팔과 손은 없지만 입은 있어. 입으로 그림을 그리면 돼. 대학에 가서

그림 공부를 하자.'

그렇게 해서 래퍼는 브라이튼 대학에 입학했다.

어느 날 미술 도서관에서 입으로 책장을 넘기던 래퍼 앞에 충격적인 사진이 하나 보였다.

'이건…'

밀로의 '비너스'였다. 그 그림을 보는 순간 자신의 모습을 다시 쳐다보았다. 똑같았다. 밀로의 '비너스'에는 두 팔이 없었다. 그녀는 그 순간 비너스가 되었다. 눈부시게 아름답고 매혹적인 비너스.

아무도 밀러의 '비너스'에 새 팔을 만들어서 붙이려고 하지 않았다. 그 조각상이 그 자체로 완벽하다고 여겼기 때문이다.

그때부터 그녀는 그림 작업에 더욱 몰두했다. 잠자는 시간을 빼고는 하루종일 그림만 그렸다. 힘들 때마다 밀러의 '비너스'를 생각했고 무너지려는 자신을 추슬렀다. 그림을 그릴 때 가장 행복하고 평화로웠다. 하지만 마음 한구석은 늘 허전했다. 래퍼는 다음 날 병원으로 찾아갔다. 의사는 그녀를 보자 웃으면서 물었다.

"우리 아름다운 비너스님께서 오늘은 무슨 일로 오셨나?"

래퍼는 주저하지 않고 말했다.

"선생님, 아이를 가지고 싶습니다."

주치의는 깜짝 놀라 래퍼를 쳐다보았다.

"제발 도와주세요. 아이를 꼭 갖고 싶습니다."

의사는 굳은 얼굴로 입을 열었다.

"그건 안 됩니다. 당신의 목숨이 위험해집니다."

"전 죽지 않아요. 꼭 아기를 낳고 싶습니다."

"무엇보다 해표지증 부모를 가진 아이는 해표지증이 될 가능성이 큽니다. 래퍼, 당신의 아이에게도 그런 유산을 물려주고 싶지는 않겠죠?"

"그 확률이 100%는 아니잖아요."

래퍼의 바람과 결심은 주치의도 꺾을 수 없었다. 결국 주치의는 그녀의 임신을 도와주었고, 래퍼는 임신을 하게 되었다. 아이의 태동이 느껴질 즈음 불행이 찾아왔다. 아기가 유산된 것이다. 하지만 래퍼는 포기하지 않았다.

"유산입니다."

두 번째 유산. 그리고 세 번째, 네 번째도 유산이었다. 그럴수록 래퍼의 집념은 더욱 강해졌다. 그리고 네 번의 유산 끝에 다섯 번째 도전에서 소중한 아들을 얻었다.

"아가야, 이제부터 너의 이름은 패리스 래퍼야. 엄마와 함께 행복하게 살자."

래퍼는 입으로 젖병을 아기에게 물렸다. 입으로 기저귀를 갈고 이유식을 만들었다. 아이를 데리고 밖으로 나갈 때는 입으로 아이를 들어 유모차에 앉혔다.

"내가 원하는 삶을 제한하는 것들을 난 강하게 거부해왔다. 사람들이 어떻게 생각하든 나도 다른 사람들처럼 인생을 충만하게 살 수 있다고 믿었다. 사람들이 나에게 무엇인가를 할 수 없다고 말할 때마다 오히려 그 말이 틀렸다는 것을 증명하겠다는 의지가 굳어졌다. 내가 일반인과 다른 점이 있다면 원하는 것을 달성하기 위해 그들보다 더 열심히 노력해야 한다는 것이다."

어느 날 한 기자가 그녀에게 물었다.

"당신의 신체적 장애를 극복할 수 있었던 가장 큰 요인은 무엇입니까?"

앨리슨 래퍼가 웃으면서 대답했다.

"내적으로 강인함을 타고난 것 같습니다. 나에게는 하루하루가 도전이었고, 도전이 있다는 것에 감사하면서 그것을 이겨내려고 했기 때문에 지금의 제가 있는 것 같습니다. 전 장애인이지만 정신마저 불구는 아닙니다. 나는 모든 것을 견디고 웃을 수 있다고 생각합니다. 항상 그래 왔습니다. 당신의 현실이 힘들다면 나를 보세요."

우리는 세상에 단 하나뿐인 꽃이다

국내에도 수많은 팬을 거느리고 있는 일본의 인기
스타 기무라 타쿠야는 그룹 SMAP의 멤버이기도 하
다. 그들의 싱글 앨범 중 가장 많이 팔린 것은 〈세상에
하나뿐인 꽃〉이다. 이 노래에는 이런 멋진 가사가 나
온다.

꽃 가게 앞에 놓여 있는 여러 가지 꽃을
보고 있었어.
사람마다 각각 취향이 있지만 모두 다 예쁘네.
이 중에서 누가 최고인지 다투는 일도 없이
바구니 속에서 자랑스러운 듯이 꼿꼿이
가슴을 펴고 있어.
그런데 우리 인간은 왜 이렇게 비교하고
싶어 하지?
한 사람 한 사람 다른데도 그중에서 최고가
되고 싶어 하지?
그래 우리는 세상에 단 하나뿐인 꽃이야.

한 사람 한 사람 각자 다른 씨를 갖고 있어.

그 꽃을 피우는 일에만 열중하면 돼.

노래 가사처럼 사람들은 제각기 다른 꽃씨를 가지고 있다. 그 꽃씨를 가지고 어떤 꽃을 피울지 선택하는 것은 오직 자신이다. 자신이 자신을 미워하고 실망스러워하면 남들도 똑같이 그렇게 생각한다. 남들에게 사랑받고 존경받으려면 먼저 자신을 소중히 여기고 스스로 자랑스러워해야 한다.

나에게는 하루하루가 도전이었고,

도전이 있다는 것에 감사하면서

그것을 이겨내려고 했기 때문에

지금의 제가 있는 것 같습니다.

영원한 승자는 없으며
새로운 승부가 있을 뿐이다

나이키 창업자 필 나이트

미국 오리건주 포틀랜드의 한 고등학교 운동장에서 필 나이트라는 이름을 가진 학생이 트랙을 돌고 있었다. 초겨울이라 바람이 선선했지만 필 나이트의 이마에는 연신 땀이 흐르고 있었다. 벌써 20바퀴째였다.

"헉헉." 숨이 턱 밑까지 차올랐다. "벌써 지친 거야?" 코치가 필을 향해 소리쳤다. "아닙니다. 더 뛸 수 있습니다."

필 나이트는 힘을 내서 다시 뛰기 시작했다. 이대로 계속 뛰다가 죽을 수도 있겠다는 생각을 했지만 오기와 인내를 가지고 30바퀴를 더 뛰었다. 50바퀴를 돌아 다시 뛰려고 하자 코치가 손을 들어 필에게 스톱 신호를 보냈다. 필은 그

신호와 함께 트랙 위에 털썩 주저앉았다.

"어때? 만 킬로미터도 별거 아니지?"

"네. 처음에는 곧 죽을지도 모른다는 생각을 했습니다. 하지만 뛰면 뛸수록 트랙의 거리가 좁아지는 것 같았습니다."

"그래, 바로 그거야. 100미터 선수들은 결코 100미터만 연습하지 않아. 200미터, 400미터와 1000미터도 뛰지. 무엇보다 육상 선수라면 심장이 터져 죽기 전까지 뛰어봐야 해. 그래야 자신의 한계를 알고 그것을 뛰어넘을 수 있어."

"네, 코치님. 명심할게요."

필 나이트는 자신이 뛰었던 200미터짜리 트랙을 천천히 바라보았다. 처음에는 불가능하다고 생각했지만 뛰고 나니 별것 아닌 듯했다.

'내 마음먹기에 달린 거야. 다음에는 100바퀴에 도전해 보는 거야.'

1938년 변호사와 신문 발행인의 아들로 태어난 필 나이트는 그때부터 자신의 한계점을 찾기 위해 뛰고 또 뛰었다. 그렇게 고등학교 생활이 저물고 어느덧 오리건 대학에 진학하게 되었다. 대학에서도 그는 육상 선수로 활약했다. 하지만 필 나이트는 열심히 노력하고 성실한 선수였지만 재능 있는 선수는 아니었다.

어느 날 육상 코치 빌 보워먼이 그를 호출했다. 빌은 성격은 괴팍했지만 능력 있고 리더십이 있었다. 무엇보다 선수들이 신는 운동화에 관심이 많았다. 가볍고 질긴 운동화를 신으면 기록을 단축할 수 있기 때문이다. 그는 자신이 직접 운동화를 만들어 학생들에게 나누어주기도 했다.

"필, 자네는 운동보다 공부를 더 해보는 게 어떤가?"

청천벽력 같은 소리였다.

"제가… 재능이 없습니까?"

"자넨 성실하고 인내심도 있네. 하지만 육상은 그것만 가지고 되지 않아. 다른 선수들과 끊임없이 기록 경쟁을 해야 하는 게 육상이라네. 그리고 선택받는 사람은 한정돼 있고…."

"하지만 저는 누구보다 열심히…."

"아네. 유망주에게 길을 열어주는 것이 내 임무이지만, 육상 말고도 새로운 길이 많다는 것을 알려줄 의무 또한 내 임무이네. 자넨 머리가 좋고 성실하니 다른 일에서도 분명 성공할 걸세."

필 나이트는 절망에 빠졌다. 뛰는 것이 무작정 좋았지만 코치의 말에도 일리는 있었다. 게다가 졸업을 앞둔 취업 준비생 신분인 데다 후배들은 그보다 더 좋은 성적을 거두고 있었다.

'이제 어떻게 하지?'

필 나이트는 상념에 잠겼다. 그렇게 며칠을 보내던 어느 날 성적표가 집에 도착했다. A학점이 공란을 가득 채우고 있었다. 그는 육상뿐만 아니라 학업에서도 뛰어났다.

'그래, 안정된 직장을 구하자. 육상은 직장을 다니면서도 얼마든지 할 수 있을 거야.'

필은 대학 졸업 후 회계사가 되었다. 그의 생각대로 회계사는 안정되고 수입도 좋았다. 하지만 마음 한구석에는 늘 달리기에 대한 열망이 있었다. 필은 휴일만 되면 운동화 끈을 꽉 조여 매고 공원이나 도로를 달렸다. 그럴 때면 세상의 근심과 번민이 모두 날아가는 것만 같았다. 그렇게 달릴수록 한 가지 의문점이 그의 뇌리에서 지워지지 않았다.

'왜 미국 사람들이 독일 운동화를 신어야 하지?'

당시만 해도 미국인들이 신던 운동화는 독일에서 만든 아디다스와 퓨마가 대세였다. 순간 빌의 뇌리에 섬광처럼 번쩍이는 아이디어가 떠올랐다.

'그래, 미국 사람들에게는 미국에서 만든 운동화가 있어야 해. 이제 육상뿐만 아니라 모든 스포츠에도 체형과 지형에 맞는 운동화가 필요할 때야.'

그때부터 필의 가슴속에는 한 가지 목표가 생겼다. 그리고 생각한 것이 있으면 반드시 실천에 옮기는 행동가답게 필은 먼저 이에 대한 공부와 연구를 하기로 했다. 필은 스탠퍼드 경영대학원에 입학했다. 자료를 모으고 인터뷰를 거쳐 졸업 논문을 발표했는데 제목이 〈미국 운동화 시장에서 독일 운동화를 몰아낼 방법〉이었다. 논문을 심사하던 교수가 필을 호출했다.

"자네의 논문을 흥미롭게 보았네. 애국심이 넘쳐나더군. 근데 어떻게 독일 운동화를 몰아낼 수 있다는 거지?"

"논문에 적은 그대로입니다. 먼저 품질이 좋고 저렴한 일본 운동화를 수입해 돈을 버는 겁니다. 그런 다음 우리가 직접 운동화를 제작해 미국의 상표를 달아 판매하면 아디다스나 퓨마와 같은 독일 제품을 이길 수 있을 겁니다. 그 후…."

필은 자신의 계획을 구체적으로 설명했다. 그의 설명을 다 들은 교수가 물었다.

"자네의 계획은 일리가 있네. 하지만 필, 이론보다 더 중요한 것은 실천이 아닌가? 이 논문은 그저 학위를 받기 위한 것은 아닐 테지. 무슨 구체적인 계획이라도 있나? 이 일을 실행할 기업이나 경영자로 생각해둔 사람이 있는가?"

필 나이트가 미소를 지으며 대답했다.

"아직 없습니다. 이 일이 가능하다는 것을 제가 직접 증명해보겠습니다."

필은 논문이 통과되자마자 육상 코치인 빌 보워먼을 찾아갔다. 그리고 자신의 학위 논문을 내밀며 제안했다.

"빌, 저와 함께 일본에 다녀오지 않겠습니까?"

"갑자기 일본은 왜?"

"운동화 사업을 하려고 합니다. 먼저 일본에서 운동화를 수입한 다음…."

빌 나이트는 자신의 계획을 설명했다.

"자네의 애국심은 충분히 감동적이네. 근데 왜 하필 나인가? 난 그저 대학 육상 코치일 뿐이야. 사업을 해본 적도 없고 관심도 없네."

"하지만 코치님에게는 선수들에 대한 애정과 운동화에 대한 열망이 있지 않습니까? 전 코치님이 선수들의 운동화를 직접 만드는 것을 봤습니다."

"그건 빠른 스피드를 요구하는 육상 운동화가 하도 무겁고 불편해서 내가 직접…."

"바로 그겁니다. 그러니깐 우리가 튼튼하면서도 가벼운 운동화를 만드는 겁니다. 미국인에게 가장 잘 어울리는 우리만의 운동화 말입니다."

그들은 '블루 리본 스포츠'라는 회사를 차려 일본의 타이거사와 수입 계약을 맺었다. 그렇게 수입한 운동화를 주위에서 팔았는데 값싸고 튼튼한 덕분인지 호응이 좋았다. 그들은 차곡차곡 돈을 모으기 시작했다.

'됐어. 이 정도면 우리도 운동화를 만들 수 있는 충분한 시스템이 갖춰졌어.'

필은 일본 회사와 계약이 끝날 무렵 자신만의 제품을 생산하기로 했다. 그리고 그 사실을 빌 보워먼에게 알렸다.

"축하하네. 드디어 자네 생각대로 되었구만. 근데 브랜드명과 로고는 정했나?"

"브랜드명은 나이키로 할 생각입니다."

"나이키?"

"그리스 신화에 나오는 승리의 여신 이름이 니케입니다. 나이키는 미국식으로 발음한 것이지요."

"나이키, 좋구만. 스포츠와 잘 어울리는 이름이야. 그래, 로고는?"

"제게 회계학 강의를 듣는 데이비슨이라는 여학생이 있습니다. 이미 그녀에게 부탁해놓았고 며칠 뒤에 첫 시안이 나올 겁니다."

이렇게 해서 나이키와 갈고리 모양의 로고가 탄생했다. 그로부터 12년 뒤 필 나이트가 나이키 브랜드 모양의 다이아몬드 반지와 거액의 회사 주식을 건네며 고마움을 표시하기는 했으나, 이 여학생이 당시 도안의 대가로 받은 돈은 35달러가 전부였다.

그때부터 빌 보워먼은 운동화 만드는 기술을 개발하고 필 나이트는 운동화를 시장에 팔았다. 톰 크루즈가 제작해서 화제를 모은 영화 〈위드아웃 리밋Without Limits〉을 보면 오리건 대학의 육상 코치인 빌 보워먼이 선수들의 체중과 마찰력을 고려해 집에서 사용하는 와플 기계로 신발 밑창을 만드는 장면이 나온다. 나이키의 와플 모양 밑창은 그때부터 이미 시작된 것이다.

두 사람은 이 재미난 모양의 신발을 차 트렁크에 가득 싣고 육상 경기가 열리는 곳을 찾아다니며 판매했다. 두 사람의 대담함과 독창성은 곧 주목을 받았고 사업은 불이 붙기 시작했다. 이들은 갈고리 모양의 로고를 선보였고, 다음 해에 유진 시에서 열린 올림픽 미국 대표 선발전에서 처음으로 나이키 브랜드를 론칭했다.

"우리에게는 더없이 좋은 소식이네."

마침 미국 전역에 달리기 바람이 불었다. 달리기는 육상 선수들만 하는 운동이라고 생각했던 사람들이 건강을 위해 조깅을 시작한 것이다. 사람들은 너도 나도 달리기 시작했다. 관련 상품 판매도 급증했는데 덕분에 나이키 운동화 판매량도 기하급수적으로 늘어났다. 곧이어 새로운 신제품 '나이키 에어'가 등장하면서 나이키의 명성은 더 높아졌다. 필 나이트는 여기서 그치지 않고 유명 스포츠 선수가 등장하는 광고를 만들었다. 광고를 본 젊은이들 사이에서 나이키 열풍이 일어났다.

'영웅적인 선수를 숭배하는 팬은 있어도 스포츠용품을 숭배하는 팬은 없다. 스포츠용품의 팬을 만들려면 위대한 스포츠 선수가 그 제품을 쓰게 하면 된다.'

필의 생각은 적중했다. 그는 광고를 통해 나이키의 이미지를 높이는 경영 전략을 펼쳐 성공을 거두었다. 세계 최고 수준의 육상 선수들이 나이키를 착용하기 시작했고 회사는 탄탄대로를 걸었다. 1972년 올림픽 마라톤 경기 상위 입상자 7명 가운데 4명이나 나이키 신발을 신었다.

LA 올림픽 때는 조앤 베노잇과 칼 루이스를 포함한 48명의 선수가 나이키 신발을 신고 6개의 메달을 거머쥐었다. 뒤이어 1985년에는 시카고 불스 농구팀의 신인 마이클 조던과 계약을 맺고 '에어 조던' 라인의 농구화 및 관련 스포츠 의류를 생산하기로 했다. 이는 역사상 가장 놀라운 결과를 안겨준 기업 대 개인 간 계약 사례였다.

"우리의 사명은 신발을 판매하는 것이 아니다. 스포츠와 체력을 통해 사람들의 삶을 건강하게 만들고 스포츠의 마법이 계속에서 살아 숨 쉬도록 하는 것이다."

1980년대가 되자 중산층 시민은 건강에 대한 관심이 커지면서 매일 아침 열심히 운동을 했다. 나이키는 이러한 가정의 소비 수준에 맞추어 디자인이 세련되고 기능성이 뛰어나며 비싼 조깅화를 시장에 내놓았다. 이어서 레저용 신발, 어린이 신발, 작업용 신발 등을 적극적으로 생산했다. 현재 나이키의 신발 모델은 500종에 이르며 의류는 그보다 더 종류가 많다. 그리고 여전히 여러 나라에서 해마다 수십억 달러의 매출을 올리고 있다.

"JUST DO IT."

나이키 광고에서 빠지지 않고 등장하는 이 말은 "일단 한번 해봐"라는 뜻이다. 필 나이트는 이 말을 너무나 좋아했다. 누군가가 사인을 요구하면 자신의 이름 대신 'JUST DO IT'을 써줄 정도였다.

"우리는 스포츠맨입니다. 결승선은 없습니다. 인생에 영원한 승자는 없습니다. 항상 새로운 승부가 있을 뿐입니다."

포기는 패배자의 변명일 뿐이다

　　2003년 10월 31일 아침은 베서니 해밀턴에게 지옥
과도 같은 날이었다. 어렸을 때부터 서핑을 시작해 각
종 대회에 나가 우승을 차지했던 그녀는 유명 스포츠
브랜드가 스폰서를 해줄 만큼 기대주였다. 이날도 하
와이 카우아이 해변에서 가족과 함께 서핑을 즐기고
있었다.

　　"아악!"

　　순식간에 일어난 일이었다. 베서니 해밀턴은 상어
의 공격을 받고 왼팔의 어깨 아래까지 뜯겨나갔다.
간신히 구조된 그녀는 병원으로 옮겨졌지만 혈액의
60%를 잃었다.

　　"이 아이는 살아 있는 것이 기적입니다."

　　의사는 그녀가 받은 정신적인 충격으로 오랜 시간
병상에 누워 있어야 한다고 말했다. 하지만 사고의 충
격에도 불구하고 베서니 해밀턴은 한 달 뒤에 다시 서
핑을 시작했다.

2년 뒤에는 전국학생서핑협회의 챔피언에 올랐고 자서전《소울 서퍼》를 출간해 베스트셀러가 되었다. 이 작품은 2011년 안나소피아 롭과 헬렌 헌트 주연의 영화로도 만들어져 많은 이에게 큰 감동을 선사했다. 영화 포스터의 카피는 다음과 같았다.

"베서니 해밀턴이 모든 것을 잃었다고 포기했다면 우리는 진정한 챔피언을 만날 수 없었을 것이다."

우리는 스포츠맨입니다.

결승선은 없습니다.

인생에 영원한 승자는 없습니다.

항상 새로운 승부가 있을 뿐입니다.

4부

마음먹은 대로 끝까지 해라

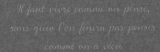

Il faut vivre comme on pense,
sans quoi l'on finira par penser
comme on a vécu

꿈이 있으면
절망에서도 탈출할 수 있다

일본 변호사 오히라 미쓰요

"안녕하세요, 제 이름은 오히라 미쓰요입니다. 전 어린 시절 비행 소녀였고 할복자살을 기도했으며 야쿠자의 아내로 살았습니다. 호스티스 생활도 했습니다. 하지만 지금은 변호사가 되었고 오사카에서 소년 사건 전담 변호사로 활약하고 있습니다. 원조 교제와 마약 복용으로 소녀원에 왔던 한 소녀가 제 강의를 듣고 편지를 보내왔습니다. 지난날을 되돌아보고 못 했던 공부도 하면서 세무사가 되고 싶다고요. 그리고 몇 년 후 그 소녀는 그 약속을 지켰습니다. 여러분도 이곳이 마지막 나락이 아니라 새로운 목표를 세울 수 있는 꿈의 공장이라고 생각하십시오."

2001년 한국을 방문한 오히라 미쓰요가 한국 소녀원에서 특강을 열었다. 그의 강의가 끝나자 우레와 같은 박수가 쏟아졌다. 아이들의 눈에서 하염없이 눈물이 쏟아졌다. 강의를 마친 그녀는 아이들과 일일이 악수를 하고 포옹을 했다.

"감사합니다."

"힘을 내주세요."

"절망에 빠질 때마다 저를 생각하세요."

유창하지는 않지만 더듬거리는 말투의 한국어로 아이들에게 말하자 옆에 있던 통역사가 신기하다는 듯이 쳐다보았다. 오히라 미쓰요가 웃으면서 입을 열었다.

"한국 소녀원에서 강의한다고 해서 한 달 전부터 한국어를 공부했습니다."

그때 불량기 가득한 한 소녀가 오히라 미쓰요 앞으로 다가왔다. 미쓰요는 평소대로 악수하려고 손을 내밀었다. 그때 소녀의 손등에 있는 작은 문신이 눈에 띄었다. 소녀는 부끄러운 듯 한쪽 손으로 얼른 손등을 감쌌다. 오히라 미쓰요는 숨겨진 소녀의 손을 부드럽게 잡아끌며 입을 열었다.

"부끄러워 마세요. 제 등에는 당신보다 백 배나 더 큰 문신이 있어요. 그래도 절망하지 않고 열심히 살잖아요. 그러니깐 당신도 열심히 사세요. 의미 없는 생명은 없습니다."

오히라 미쓰요의 격려에 소녀는 하염없는 눈물을 흘렸다. 둘은 서로를 꼬옥 껴안았다. 문득 불행의 시작이었던 중학교 1학년 시절이 떠올랐다.

그때 미쓰요는 친구 3명의 배신으로 반 아이들 전체에게 왕따를 당했다. 하지만 왕따보다 평생을 함께할 거라고 생각했던 친구들의 배신이 더욱 가슴 아팠다. 아이들에게 심한 욕을 듣고 발로 차이고 머리채를 잡힐 때마다 증오심이 일었다. 참다못한 미쓰요는 선생님에게 이 같은 사실을 알렸다.

"친구들과 마음을 터놓고 친하게 지내보도록 노력해봐. 사소한 다툼은 너희 나이 땐 늘 있는 법이니까. 그리고 이렇게 내게 와서 고자질하면 더욱더 아이들에게 왕따당할 테니 조심하고."

미쓰요는 절망에 빠진 나머지 자살을 결심했다. 선생님마저 자신을 외면하면 누구도 자신을 지켜주지 못할 터였다. 미쓰요는 그날 집으로 돌아가 칼로 자신의 복부를 찔렀다. 다행히 병원으로 옮겨져 수술을 받고, 간신히 목숨을 건졌다. 며칠 후 학교로 돌아온 그녀는 아이들에게 더욱 심한 말을 들어야만 했다.

"병신, 제대로 죽지도 못하는 년!"

미쓰요의 분노는 힘없고 가엾은 어머니를 향했다.

"내가 이렇게 된 건 전부 당신 탓이야. 애초부터 나를 낳지 말았어야지. 나는 태어난 것부터가 잘못이야. 당신의 잘못된 선택 때문이라고!"

미쓰요는 어머니를 향해 침을 뱉었다. 머리채를 움켜잡고 그 자리에 내동댕이쳤다. 발로 마구 찼다.

"제발 그만해!"

"듣기 싫어. 이 마귀 할멈아! 날 다시 당신 배 속으로 집어넣어 줘!"

미쓰요는 울면서 애원하는 어머니에게 더 심한 발길질을 해댔다. 그때부터 마약과 혼숙을 일삼는 폭주족과 어울려 다니며 비행 소녀로 전락했다. 열여섯 살 때는 야쿠자 보스와 결혼하기도 했다. 그리고 온몸에 문신을 새기고 호스티스로 일했다. 수많은 남자가 그녀를 옆에 앉히고 싶어 했다.

"역시 어린 년이라 탱탱하군."

남자들은 스무 살도 채 되지 않은 미쓰요를 자신들의 성적 노리개로 마구 대했다.

'이게 아니야. 이건 내가 원하던 삶이 아니야.'

절망의 세월이 흘렀다. 하루하루가 지옥과도 같은 삶이었다. 그동안 자살도 몇 차례 더 시도했지만 생명은 생각보다 질겼다. 그러던 어느 날 미쓰요는 지금의 양아버지 오히라 히로사부를 만났다. 그녀의 나이 스물세 살 때였다. 이때부터 미쓰요는 새로운 삶을 살기로 결심했다. 이 기회를 놓치면 평생 이렇게 살 것만 같았다.

"아버지, 저 공부하고 싶어요."

"그래, 무슨 공부를 하려고 하니?"

"변호사가 될 거예요. 그래서 저처럼 절망에 빠진 아이들의 친구가 되어 그들이 새로운 삶을 살 수 있게 만들 거예요. 도와주실 거죠?"

그때부터 미쓰요는 변호사 시험에 전력을 다해 매달렸다. 훗날 그녀는 자서전《그러니까 당신도 살아》에서 그때의 상황을 다음과 같이 서술했다.

나를 절망의 수렁에서 건져준 것은 목표였다. 나를 무시했던 사람들, 나를 왕따시켰던 사람들에게 번듯하게 잘사는 모습을 보여주기 위해 이를 악물었다.

한자도 제대로 못 읽던 미쓰요는 공부에 매진해 먼저 사법서사 자격시험에 합격하고, 통신대 법학부를 졸업한 후 스물아홉 나이에 사법시험에도 합격했다. 그리고 자신의 바람대로 비행 청소년 전문 변호사로 활동했다. 아이들을 만나 이야기를 들어주고 든든하고 믿음직한 친구가 되어주었다. 아이들은 자신의 마음을 훤히 들여다보고 있는 미쓰요에게 그동안의 고통과 괴로움을 하나하나씩 털어놓았다. 미쓰요가 그토록 원하던 삶이 시작된 것이다.

하지만 곧이어 친아버지가 돌아가시는 불행이 닥쳐왔다. 그녀는 서둘러 고향으로 향했다. 벌써 많은 친지가 모여 있었다. 미쓰요는 편안한 얼굴로 누워 있는 아버지에게 다가갔다.

"아빠, 다음 생이 있다면, 다시 한번 아빠 딸로 태어나도 돼? 그땐 아빠를 슬프게 만들지 않을게…"

하지만 아버지는 말이 없었다. 땅을 치고 후회해도 아버지는 눈을 뜨지 않았다. 비록 목표는 이뤘지만 아버지가 돌아가시고 과거의 잘못된 생활 때문에 맹장과 간에도 문제가 생겼다. 문신 때문에 의사들에게 '오래 살 수 없다'라는 말도 들었다. 그녀는 다시 절망에 빠졌고 죽음을 생각했다.

"정말로 못 견딜 정도로 괴로울 때, 그 고통으로부터 벗어나기 위해 한 번쯤 죽고 싶다는 생각을 하게 되는 건 어쩔 수 없는 일인지도 모릅니다. 그렇지만, 당신이 만약 그렇다면, 아무리 그렇더라도 잠시 멈춰주세요. 지금의 이 고통은 영원히 지속하는 게 아니니까요. 반드시 돌파구를 찾을 수 있을 것입니다. 아무쪼록 그날이 올 때까지 어떻게 해서라도 자기 자신의 하나밖에 없는 목숨만은 소중히 지켜주시길 바랍니다. 제발 죽음을 선택하는 어리석은 짓만은 하지 말아주세요."

그때 그녀를 구해준 것은 일 때문에 자주 만난 동료 변호사였다. 그들은 서로 사랑에 빠져 결혼했다. 며칠 후 병원을 다녀온 미쓰요가 남편에게 말했다.

"여보, 저 임신이래요."

미쓰요가 마흔두 살 때의 일이다. 부부는 서로 손을 잡고 크게 기뻐했다. 아이는 그들에게 큰 축복이자 행복이었다. 하지만 미쓰요에게는 또 다른 아픔이 기다리고 있었다.

어느 날 미쓰요에게 의사가 전화를 걸어왔다. 의사는 애써 침착한 목소리로 말했다.

"부인, 검사를 한 번 더 해봐야겠습니다."

"무슨 일이라도 있어요?"

"아이에게 다운증후군 증세가 포착되었습니다. 좀 더 정밀한 조사를 받아야 할 것 같습니다."

그날 밤 미쓰요는 남편에게 이 사실을 말했다.

"제 잘못이에요. 어릴 때 마약과 술에 빠져 살았어요. 몸도 함부로 굴렸죠. 마흔두 살 먹은 제가 아이 욕심을 낸 게 화근이에요. 하늘이 제게 벌을 내리시는 거라고요."

그때 미쓰요의 머릿속에는 철없던 어린 시절 어머니를 향해 퍼부었던 폭언과 폭력이 떠올랐다. 되돌릴 수만 있다면 타임머신을 타고 가서라도 그 말을 취소하고 싶었다. 그 순간 미쓰요가 무엇인가를 결심한 듯 입을 열었다.

"여보, 전 이 검사를 받지 않겠어요."

"그게 무슨 소리야?"

"다운증후군이라고 판명 나면 어떻게 하죠? 유산을 시킬 건가요?"

"…."

"전 아이가 다운증후군으로 태어나도 하늘에 감사하며 키울 거예요. 제게는 자식을 선택할 권리가 없어요. 이게 만약 하늘의 뜻이라면 따를 거예요. 태어나기도 전에 장애인 인지 아닌지 판별해서 아이를 선택할 수는 없어요. 그건 우리 아이에게 해서는 안 될 가혹한 선택이에요. 저는 절대로 그럴 수 없어요."

미쓰요는 자신의 의지대로 검사를 받지 않고 아이를 낳

았다. 예쁜 딸이었다. 의사의 예상대로 아이는 다운증후군을 안고 태어났다. 하지만 더욱 심각한 문제가 있었다.

"우리 하루카가 살 수 있을까요?"

"최선을 다해보겠습니다만…"

미쓰요의 딸 하루카는 태어나자마자 백혈병에 걸렸다. 게다가 심장에는 두 군데나 구멍이 뚫려 있었다. 미쓰요는 그날부터 출근하지 않고 하루카의 곁을 지켰다. 아이를 볼 때마다 먼저 세상을 떠난 아버지와 자신이 그토록 깊은 상처를 주었던 어머니의 얼굴이 자꾸만 어른거렸다.

'하루카, 꼭 살아줘. 엄마가 이렇게 두 손 모아 간절히 기도할게. 제발 엄마의 기도를 들어주렴.'

미쓰요의 기도가 통했을까? 하루카는 기적적으로 살아났다. 미쓰요는 다운증후군 딸이 결코 부끄럽지 않았다. 하루카가 커가는 모습을 기록해서 책을 내고 함께 방송에도 출연했다. 무엇보다 바쁜 인생길에서 잠시 여유로운 삶을 살게 해준 큰 선물이라고 생각했다.

"당신의 잘못된 과거가 후회스럽지 않습니까?"

어느 날 한 기자가 미쓰요에게 질문했다.

"후회스럽죠. 하지만 지금까지의 일을 전부 지워버리고, 아무 일도 없었다는 듯 시치미를 떼고 사는 건 옳지 않은 것

같아요. 과거에 내가 저지른 일들은 그대로 평생 짊어지고
가야죠. 그렇게 살면서 내가 이 세상에 도움이 될 일은 없을
까, 생각했어요. 그래서 지우지 않고 있어요."

미쓰요는 자신의 저서에서 이렇게 말했다.

"지금이 출발점. 인생이란 하루하루가 훈련이다. 나 자신
을 갈고닦는 훈련의 장이고, 실패해도 되는 훈련의 장이며,
삶의 감동을 맛볼 수 있는 훈련의 장이다. 지금의 행복을 기
뻐하지 않는다면 언제 어디서 행복해지려 하는가? 이 기쁨
을 발판 삼아 힘껏 나아가자. 나 자신의 미래는 지금, 이 순
간 여기에 있다. 지금 여기에서 노력하지 않는다면 그 노력
을 언제 할 것인가?"

절망이란 어리석은 자들의 결론이다

"나는 부모님 앞에서 포승줄을 매고 수갑을 찼다. 어머니는 실신하셨고 아버지는 눈가가 촉촉해졌다. 그때 눈물이 나왔다. 부모님은 내가 가는 모습을 계속 지켜보고 계셨다."

열일곱 살의 강동철, '용감한 형제'는 고교 시절 꿈을 정했다. 싸움을 잘했던 그는 조폭이 되어 자신을 깔보고 무시했던 이들에게 복수하고 싶었다. 하지만 부모님의 눈물을 보는 순간 자신의 삶을 다시 한번 돌아보게 되었다. 2년의 보호관찰을 받는 동안 겁도 많이 났고 혼자인 것만 같아 외로움도 많이 느꼈다.

'내가 왜 인생을 이렇게 살고 있을까?'

그때부터 그는 달라졌다. 평소 좋아하던 음악을 시작했고 YG엔터테인먼트 소속의 작곡가 겸 프로듀서로 활동했다. 그리고 2008년 브레이브 엔터테인먼트를 설립한 그는 손담비의 〈미쳤어〉, 〈토요일밤에〉와 빅뱅의 〈마지막 인사〉, 브라운 아이드 걸스의 〈어쩌다〉, 애프터스쿨의 〈너 때문에〉 등 히트곡을 작곡했다. 그 밖에 세븐, 김동완, 배슬기, 이승기, 조성모, 코요

테, 씨스타, 태양에게 곡을 주어 '히트곡 제조기'로 불렸으며 참여한 앨범의 총매출액이 100억 원에 달한다. 폭력 전과 12범이 성공한 작곡가로 바뀐 것이다.

키르케고르는 "절망은 죽음에 이르는 질병이다"고 말했다. 지금 만약 당신이 지옥의 터널을 지나고 있다면 계속 전진하라. 주저앉거나 절망하지 마라. 절망은 어리석은 자들의 결론이다.

인생이란 하루하루가 훈련이다.
나 자신을 갈고닦는 훈련의 장이고,
실패해도 되는 훈련의 장이며,
삶의 감동을 맛볼 수 있는 훈련의 장이다.

삶은 소유물이 아니라
순간순간의 있음이다

무소유를 몸소 실천한 법정 스님

'사상과 이념이 무엇이기에 같은 형제와 겨레끼리 물고 뜯으며 피를 흘려야 하는가?'

한반도의 서남단인 해남에서 태어난 박재철은 목포 유달산 자락에서 꿈 많은 청소년 시절을 보냈다. 하지만 6·25전쟁은 그의 정신을 혼란스럽게 만들었으며 고뇌로 방황하게 했다.

'이곳에서 얼른 벗어나고 싶어!'

한 핏줄이자 같은 이웃끼리 총부리를 마주 대고 미쳐 날뛰던 모습이 자꾸만 생각났다. 머릿속에서 지우려고 하면 할수록 그 기억은 더욱 선명하게 살아났다. 그런 날이면 꼭 악몽을 꾸었다.

'똑같은 꿈을 또 꾸었구나.'

어릴 적부터 감수성이 예민하고 글쓰기에 재주가 있었던 박재철은 고등학교를 졸업하고 전남대 상과대학에 들어갔다. 처음에는 학교 생활에 잘 적응하는가 싶었다. 학과 공부도 열심히 하고 읽고 싶은 문학 서적도 많이 읽었다. 하지만 그의 번민과 고뇌는 3학년이 되자 더욱 거세게 타오르기 시작했다. 결국 그는 스물네 살에 출가를 결심하고 교문을 나섰다. 싸락눈이 내리는 어느 추운 겨울날이었다.

'이곳으로부터 최대한 멀리 가야 해.'

오대산을 최종 목적지로 정한 박재철은 먼저 서울역으로 향했다. 하지만 폭설로 교통이 두절되었다는 소식을 접하고 때를 기다렸다. 어느 날 평소 알고 지내는 스님이 찾아와 그의 손을 잡았다.

"자네와 함께 꼭 가볼 곳이 있네."

"그곳이 어딘가요?"

"가보면 알게 될 걸세."

스님의 손에 이끌려 간 그는 안국동에 있는 선학원에 도착했다.

"지금 이곳에는 효봉 스님이 계신다네. 스님의 법문을 들고 직접 만나보면 자네에게도 도움이 될 걸세."

훗날 조계종 종정이 된 효봉 스님은 원래 판사였다. 판사로 재직할 때 한 죄수에게 사형을 선고한 적이 있었다. 하지만 나중에 진범이 잡히자 번뇌에 사로잡히기 시작했다. 자신의 오판으로 무고한 사람에게 사형을 선고함으로써 엉뚱한 생명을 앗은 것에 대한 죄책감이었다. 그는 판사라는 직을 과감히 버렸다. 그리고 자신의 마음이 흔들릴까 봐 처자식에게도 알리지 않고 출가해 불교에 입문했다.

'효봉 스님의 제자가 되자!'

효봉 선사의 인품에 반한 박재철은 스님의 거처인 통영 미래사로 내려가 배고프고 힘든 행자 시절을 보냈다. 그리고 그해 7월 계를 받아 스님이 되었다.

"이제부터 자네의 승명은 법정法頂일세."

판사 출신의 스승이 지어준 승명다웠다.

'내가 드디어 스님이 되었구나.'

이날부터 법정 스님은 낡은 거울 하나를 평생 간직하며 살았다. 무소유를 주장하고 실천하며 산 스님이 이 거울만은 결코 놓지 않았다. 훗날 옛 도반이 법정 스님이 있는 불일암을 찾아갔다. 때마침 그 거울이 보였다.

'법정은 이 거울에 왜 그렇게 집착하는 것일까?'

도반은 법정 스님이 자리를 비운 사이 호기심으로 거울을 뒤집어보았다. 거울 뒷면에는 연도와 날짜 그리고 '처음 삭발한 날'이라는 문구가 적혀 있었다. 도반은 잠시나마 법정을 의심한 자신이 한없이 부끄러웠다. 그날 밤 그 사실을 털어놓자 법정 스님이 온화한 미소를 띠며 말했다.

"나는 마음이 해이해지면 이 거울을 꺼내보곤 하네. 그러면 머리를 깎을 때의 신심이 칼날처럼 일어나지."

도반은 법정 스님의 말에 고개를 끄덕일 수밖에 없었다.

어느 날 법정은 평소 알고 지내던 스님이 거처하는 오두막으로 향했다. 날은 덥고 주위에 매미 소리가 요란했다. 법정은 오두막 가까이 가서 스님의 이름을 불렀다. 그런데 스님이 뒷마당에서 천천히 걸어오는 게 아닌가. 법정은 스님에게 물었다.

"스님, 이 더운 날 무얼 하고 계십니까?"

그러자 스님이 대답했다.

"졸음에 빠지지 않으려고 칼로 대나무를 깎고 있었습니다."

법정 스님은 깜짝 놀랐다. 스님은 졸지 않기 위해 그 일을 하고 있었던 것이다. 사선으로 깎은 대나무는 칼처럼 날카롭고 위험했다. 한여름에 그것도 혼자 지내는 거처이니

낮잠을 즐길 수도 있는 일이다. 하지만 졸지 않고 활짝 깨어 있기 위해 스님은 칼로 뾰족한 대나무를 깍고 있었다. 법정 스님은 큰 충격을 받았다. 그날 밤 스님은 자신의 노트에 이렇게 적었다.

"우리가 마냥 졸음에 빠져 삶을 무가치하게 보내는 것이 방편의 부족에서 오는 것이라고는 생각되지 않는다. 오히려 매 순간 자신을 점검하지 않기 때문이 아니겠는가. 세상과 타협하는 일보다 더 경계해야 할 일은 자기 자신과 타협하는 일이라고 나는 들었다."

법정 스님은 틈나는 대로 자기 생각을 글로 적었다. 문학 청년 출신답게 그의 글은 호소력이 짙고 문장력이 좋았다. 무엇보다 거침이 없고 강한 울림이 있었다. 1970년대 〈불교신문〉 논설위원과 주필을 지내던 법정 스님이 베트남 파병을 비판하는 글을 써서 필화 조짐이 보이자 스님들이 이를 막으려고 진땀을 흘린 적도 있었다.

1973년 《영혼의 모음》을 시작으로 《서 있는 사람들》, 《무소유》, 《말과 침묵》, 《산방 한담》, 《텅빈 충만》 등을 출간했다. 스님의 책은 출간하자마자 베스트셀러에 올라 수십만 부가 판매되었으며 특히 《무소유》는 380만 부 넘게 팔린 초대형 베스트셀러가 되었다. 독자들은 법정 스님의 글에서 한없이 부끄러워지는 자신을 발견하고 반성했다.

"우리는 필요 때문에 물건을 가지지만 때로는 그 물건 때문에 마음을 쓰게 된다. 따라서 무엇인가를 갖는다는 것은 다른 한편 무엇인가에 얽매이는 것, 그러므로 많이 갖고 있다는 것은 그만큼 많이 얽혀 있다는 뜻이다."

법정 스님의 책은 출간 즉시 전국 서점에서 동이 났다. 일시 품절로 책을 구하지 못한 독자들이 서점에 항의 전화를 걸곤 했다. 명예와 돈을 좇아 바쁘게 사는 현대인에게 스님의 책은 큰 가르침이자 팍팍한 삶에서 샘물같이 귀한 생명수였다.

김수환 추기경은 스님의 대표작 《무소유》를 읽고 "이 책이 아무리 무소유를 말해도 이 책만큼은 소유하고 싶다"라고 말했을 정도로 스님의 책을 아끼고 사랑했다. 2010년 3월 11일 길상사에서 75세의 나이로 입적한 스님은 다음과 같은 유언을 남기셨다.

"장례식을 하지 마라. 관도 짜지 마라. 평소 입던 무명옷을 입혀라. 내가 살던 강원도 오두막에 대나무로 만든 평상이 있다. 그 위에 내 몸을 올리고 다비해라. 그리고 재는 평소 가꾸던 오두막 뜰의 꽃밭에다 뿌려라. 내 이름으로 출판되는 모든 책을 더는 출간하지 마라."

법정 스님은 자신이 몸담은 불교만을 주창한 종교인이 아니었다. 김수환 추기경이 스님이 계신 길상사로 찾아온 것에 대한 답례로 명동성당을 방문해 법문을 강론하기도 했고, 천주교 신자인 최종태 서울대 교수가 관음상을 제작해 길상사에 기증하기도 했다. 이 유명한 길상사 관음상은 아직까지도 방문객을 맞이하고 있다. 김수환 추기경뿐만 아니라 이해인 수녀와도 친분이 두터웠다. 이해인 수녀는 한 기고문에서 법정 스님과의 추억을 이렇게 밝혔다.

"암 투병 중인 힘든 순간에도 긍정적이고 밝은 마음을 지니려고 애쓴다. 그중에서 법정 스님의 편지를 읽으며 위안을 얻는다. 그분이 문득 생각날 때마다 법정 스님의 편지글을 다시 읽어본다. 특히 법정 스님이 편지 끝머리에 쓴 '날마다 새롭게 피어나십시오'가 마음에 와닿는다."

이들의 허물없는 교류는 사람들에게 큰 감동을 주었다. 종교 간 화합의 상징이자 진정한 종교인의 모습을 보여준 것이다. 법정 스님은 한 법회에서 이런 말도 했다.

"나의 이웃이 바로 부처이며 예수님이며 천주님입니다. 이 모두 하나의 뿌리에서 갈라져 나온 여러 가지이지요. 불교를 배우는 것은 자기 자신을 배우는 것이며, 자기를 배우는 것은 자신을 텅 비우는 일이에요. 그래야 모든 사물과 하나가 될 수 있어요. 개체인 내가 전체로 확산하는 것입니다."

평생 초심을 잃지 않고 살고자 했던 법정 스님. 그는 수많은 주옥 같은 글을 써서 많은 이에게 깨우침과 감동을 주었지만, 마지막에는 그것마저 없애버리라는 유언을 남겼다. 법정 스님은 입적하기 전에 출간한 《버리고 떠나기》에서 다음과 같이 적었다.

"삶은 소유물이 아니라 순간순간의 있음이다. 영원한 것이 어디 있는가. 모두가 한때일 뿐. 그러나 그 한때를 최선을 다해 최대한으로 살 수 있어야 한다."

스님이 남긴 말과 글은 인생의 의미를 알고자 열심히 살아가는 우리에게 오늘도 커다란 위안을 준다.

오늘이 삶의 마지막이라고 생각하라

"오늘이 삶의 마지막 순간이라고 생각하세요. 그러면 항상 최선을 다하는 삶을 살 수 있습니다."

김수환 추기경의 말이다. 온화하고 인자한 모습에 자신을 '바보'라는 별명으로 불렀지만 늘 겸손하고 감사하는 마음을 잊지 않았다. 2009년 2월 16일 김수환 추기경이 선종하자 조문객이 헌화하기 위해 3킬로미터 넘게 줄을 이었다. 자신의 각막을 두 사람에게 기증했다는 사실이 보도되자 평소보다 열 배나 많은 사람이 장기 기증을 신청한 일화도 유명하다.

1987년 6월 항쟁 때 학생들이 데모하다 경찰에 쫓겨 명동성당으로 피신했을 때, 그들을 연행하러 온 경찰 간부에게 "학생들을 잡아가려 들어오면 맨 앞에 내가 있을 것이고, 그 뒤에 신부들, 수녀들이 있을 것이오. 우리를 다 넘어뜨리고 난 후에야 학생들이 있을 것이오"라고 말하기도 했다.

하루하루를 누구보다 열심히 살았던 김수환 추기경은 늘 오늘이 삶의 마지막 순간이라고 여겼다. 그건 나약해지고 게을러지는 자신의 정신과 육체를 채찍질하는 한 종교인의 지혜로운 선택이었다.

힘들거나 외로워서 삶이 부질없다는 생각이 들 때 오늘이 삶의 마지막이라고 생각해보자. 내가 절박해지면 더는 하루하루를 의미 없이 보내지 않을 것이다.

영원한 것이 어디 있는가.

모두가 한때일 뿐.

그러나 그 한때를 최선을 다해

최대한으로 살 수 있어야 한다.

청춘이란 마음의 젊음이다

일본의 전설적 기업인 마쓰시타 고노스케

"다음은 회장님의 축하 말씀이 있겠습니다."

일본 마쓰시타 그룹의 신입 사원 환영회장. 내셔널, 파나소닉, 테크닉스 등의 빅 브랜드를 비롯해 산하 570개 기업에 종업원 13만 명을 거느린 거대 그룹의 회장이 단상 위에 올랐다.

그의 이름은 마쓰시타 고노스케. '경영의 신'으로 불리며 일본뿐만 아니라 아시아, 나아가 세계적인 기업가 대열에서 빠지지 않는 인물이다. 미국의 대표적 주간지 〈타임〉의 표지를 장식하기도 했고, 삼성 이건희 회장이 가장 존경하는 인물로 꼽기도 했다.

스물세 살이라는 어린 나이에 창업해 아흔네 살에 서거할 때까지 70여 년 동안 마쓰시타 고노스케가 깨달은 기업 경영의 지혜는 오늘날에도 경영자와 직장인이 불황 때마다 참고하는 바이블이 되었다. 그런 마쓰시타가 강당을 가득 채운 신입 사원을 향해 자기 생각을 이야기하기 시작했다.

"길을 걷다 갑자기 소나기가 내리면 여러분은 어떻게 하십니까? 먼저 가방에서 우산을 꺼내 쓰겠지요? 만약 우산이 없으면 비를 막을 수 있는 어떤 것이라도 뒤집어쓸 겁니다. 그나마 손에 잡히는 것이 없다면 비를 맞을 수밖에 없습니다. 비를 맞는 것은 어쩔 수 없지만 여기에서 배워야 할 것이 있습니다. 비 오는 날 우산이 없는 까닭은 화창한 날에 방심해 비 올 때를 준비하지 않았기 때문이라는 점을 깨닫는 것입니다. 더불어 다음번엔 비를 맞지 않겠다고 다짐하는 것입니다. 여기 모인 여러분은 앞으로 마쓰시타 그룹을 이끌어갈 인재입니다. 오늘날처럼 세계가 급속도로 변해가는 시점에서는 미래에 대한 철저한 준비가 필요합니다. 그게 앞으로 여러분이 이곳에서 할 일입니다."

여기저기서 박수 소리가 들렸다. 그의 짧은 연설이 끝나고 신입 사원들의 질문 시간이 다가왔다. 한 사원이 손을 번쩍 들며 물었다.

"회장님은 어떻게 지금처럼 큰 성공을 하셨습니까?"

마쓰시타 회장은 웃으면서 대답했다.

"저는 세 가지 하늘의 큰 은혜를 입었습니다. 가난한 것, 허약한 것, 못 배운 것이 그것이지요."

마쓰시타의 답변을 듣고 깜짝 놀란 신입 사원이 되물었다.

"세 가지가 모두 은혜라기보다는 불행 아닌가요? 제 머리로는 잘 이해가 가지 않는데요."

그러자 마쓰시타가 웃으면서 대답했다.

"불행이라? 그 표현이 맞을지도 모릅니다. 하지만 저는 가난 속에서 태어났기 때문에 부지런히 일하지 않고서는 잘살 수 없다는 진리를 일찍 깨달았습니다. 또 어릴 적부터 몸이 허약했기 때문에 건강의 소중함도 일찍이 깨달아 몸을 아끼고 건강 관리에 힘썼습니다. 지금 제 나이가 아흔인데도 신체 나이는 30~40대 같습니다. 겨울철에도 매일 아침 냉수마찰을 하고 있습니다. 또 초등학교 4학년에 중퇴했기 때문에 항상 이 세상 모든 사람을 나의 스승으로 받들었습니다. 그들에게 많은 지식과 배움을 얻었고 최선을 다해 노력할 수 있었습니다. 이런 세 가지가 저를 강하게 만들었고 이만큼 저를 성장시켜주었습니다."

힘찬 박수 소리가 터져나왔다.

"역시 마쓰시타 고노스케야!"

"저 조그만한 몸으로 이런 대기업을 만들다니!"

"경영의 신이 운행하는 배에 오르다니 난 행운아야!"

여기저기서 감탄하는 소리가 들렸다. 마쓰시타 고노스케는 잠시 숨을 고른 후 입을 열었다.

"여러분은 감옥과 수도원의 차이를 아십니까? 감옥과 수도원의 공통점은 세상과 고립되어 있다는 것입니다. 하지만 차이점은 그곳에 있는 사람이 불평하느냐, 감사하느냐에 달려 있습니다. 감옥이라도 늘 감사하는 마음으로 산다면 수도원이 될 수 있습니다."

또다시 박수 소리가 강당을 가득 메웠다.

마쓰시타는 1894년 11월 27일 와카야마현에서 태어났다. 초등학교 5학년을 중퇴하고 자전거 가게에서 점원으로 일하던 그는 1918년 마쓰시타 전기제작소를 설립해 1973년 은퇴하기까지 "경영이란 끊임없는 창의적 연구를 통해 무에서 유를 창조하는 것이다"라는 신념을 실천했다. 그리고 아래와 같은 사명을 정했다.

좋은 물건을 싸게 많이 만들어 공급함으로써 가난을 몰

아내 물질적 풍요를 실현하고 사람들에게 행복을 가져
다준다.

　말단 점원에서 시작해 일본 최고 갑부가 된 마쓰시타 고
노스케는 단순한 기업인이 아니었다. 그는 뛰어난 발명가
였고 일본인에게 최고의 스승이며 사상가였다. 일본의 어
머니들은 자녀에게 고노스케를 배우라고 가르치며, 기업인
들은 그의 경영 이념을 '마쓰시타이즘'이라 부르며 기린다.
　마쓰시타 고노스케는 아흔이 넘은 나이에도 현역으로
근무하며 늘 젊은이처럼 생각한다고 말했다. 그리고 젊음
과 청춘에 대해 다음과 같은 말을 남겼다.
　"늘 젊게 살고 싶어도 나이 먹는 것은 피할 수 없습니다.
그러나 몇 살이 되든 정신적으로는 청춘 시절과 마찬가지
로 매일 새로운 희망에 부풀며 용기를 잃지 않고 자신의 사
명을 이루기 위해 몰두하는 마음으로 살아갈 수 있습니다.
청춘이란 마음의 젊음입니다. 신념과 희망이 넘치고 용기
에 차 매일 새로운 활동을 계속하는 한, 청춘은 영원히 곁
에 있습니다."
　자신의 세 가지 약점을 장점으로 승화시킨 마쓰시타 고
노스케는 이처럼 늘 20대의 마음가짐으로 살았다. 청춘의

마음으로 평생을 사는 것이 얼마나 즐거운 일인지 몸소 행동으로 보여준 것이다.

젊음은 나이가 아니라 청춘이 만드는 것

"청년기란 세상의 한끝에서 다른 한끝으로 아주 재빠르게 움직이는 것이다. 여러 나라의 풍습을 공부해보고, 한밤중의 소리 나는 작은 종소리에 귀 기울이고, 도시와 시골에서 해돋이를 보고, 신앙부흥회에 참석해 종교를 바꿔보고, 형이상학을 섭렵하고, 어쭙잖은 시를 쓰고, 불구경하러 1마일을 달려가고, 〈에르나니〉를 관람하기 위해 아침부터 극장 앞에서 기다리는 시기이다."

모험 소설《보물섬》의 작가 로버트 루이스 스티븐슨의 말이다. 살다 보면 나이는 그저 숫자에 불과하다는 말에 동감하게 된다.《후한서》에는 노익장老益壯이라는 말이 나온다. 광무제 때의 명장 마원이 친구에게 항시 말했다는 "모름지기 대장부라 함은 뜻을 품었으면 어려울수록 굳세어야 하며 늙을수록 건장해야 한다"라는 말에서 유래했다. 훗날 마원은 반란이 일어나자 광무제에게 군대를 달라고 청했다. 광무제가 걱정스러운 눈빛으로 말했다.

"전쟁에 나가기에 자네는 너무 늙지 않았는가?"

그러자 마원이 말했다.

"소신의 나이 비록 예순두 살이나 갑옷을 입고도 말을 탈 수 있으니 어찌 늙었다고 할 수 있습니까?"

그러고는 말에 안장을 채우고 훌쩍 뛰어올랐다. 광무제는 미소를 지으며 출정을 허락했고, 마원은 대장군이 되어 적을 물리치고 큰 공을 세웠다.

청춘이란 마음의 젊음입니다.
신념과 희망이 넘치고 용기에 차
매일 새로운 활동을 계속하는 한,
청춘은 영원히 곁에 있습니다.

노력이 기회를 만나면
행운이 찾아온다

강철왕에서 기부왕이 된 앤드루 카네기

"자기 자신보다 더 뛰어난 사람을 어떻게 다루어야 하는지 알았던 사람이 여기 누워 있다."

뉴욕주 태리타운의 슬리피 할로 묘지에 있는 강철왕 앤드루 카네기의 묘비명이다. 그는 스코틀랜드의 시골 마을 던펌린에서 태어났다. 이 마을은 스코틀랜드의 면직물 생산지로 유명한 곳이었는데, 동네 사람 대부분이 직물 공장을 다녔다. 카네기의 아버지 또한 직조공이었다.

어릴 때부터 소문난 개구쟁이였던 카네기는 자신의 묘비명처럼 사람들을 어떻게 다루어야 하는지 알았다. 하루는 숲속에서 새끼를 밴 토끼 한 마리를 잡았다. 토끼는 곧이어 새끼를 낳았고, 토끼 우리는 새끼로 가득 찼다.

'이 많은 토끼를 먹일 풀을 매일 뜯는 것은 힘든 일이야. 뭐 좋은 방법이 없을까?'

고민 끝에 카네기는 동네 아이들을 불러 모았다.

"토끼가 먹을 풀을 뜯어오면 너희의 이름을 새끼 토끼들에게 붙여줄게."

아이들은 신이 났다. 그날부터 아이들은 토끼가 먹을 풀을 매일같이 뜯어와 정성껏 보살폈다. 카네기는 이제 토끼들에게 신경을 쓰지 않아도 되었다. 훗날 카네기는 그때의 경험 때문에 삶의 중요한 좌표가 생겼다고 회고했다.

"내가 오늘날처럼 크게 성공할 수 있었던 것은 내가 무엇을 잘 알거나 스스로 무엇인가를 해서가 아닙니다. 그건 나보다 그 분야에 대해서 잘 아는 사람을 뽑아 쓸 줄 알았기 때문입니다. 나는 증기식 기계에 대해서는 잘 몰랐지만 그보다 훨씬 복잡한 존재인 사람을 알기 위해 노력했습니다."

토끼를 아이들에게 맡긴 카네기는 남은 시간을 이용해 틈틈이 책을 읽었다. 책 속에는 온갖 지식과 지혜가 담겨 있었다. 하지만 그 행복한 시간도 오래가지 못했다. 미국에 가서 새로운 인생을 시작하자는 아버지의 폭탄선언에 가족은 어리둥절했다.

그들은 미국 펜실베이니아주 피츠버그로 이주했다. 그때부터 카네기는 학교를 그만두고 돈을 벌기 위해 온갖 일을 해야만 했다. 하루에 10시간 넘게 일을 하면서 받는 돈은 고작 몇 센트에 불과했다. 하지만 가난한 집에서 태어난 자신을 원망하지 않았다.

'성실하게 일하면 언젠가는 큰 부자가 될 수 있을 거야.'

어느새 카네기의 마음속에는 돈을 많이 벌어 부자가 되겠다는 꿈이 자리 잡았다. 하지만 마음 한구석에는 늘 허전함이 있었다. 그건 배움에 대한 갈증이었다. 그때 반가운 소식이 들려왔다.

"이 도서관은 무료야. 책을 읽고 싶은 아이들이 있으면 언제든지 와서 봐도 좋단다."

제임스 앤더슨 대령이 자신의 개인 도서관을 아이들에게 무료로 개방한 것이다. 카네기는 일을 마치면 매일 그곳으로 달려가 책을 읽었다. 그곳에서 찰스 램의 수필과 밴크로프트의 미국사 등을 읽으면서 다짐했다.

'나도 이다음에 큰돈을 벌면 남을 위해서 사용할 거야. 비록 내 키는 150센티밖에 되지 않지만 내 꿈은 그 누구보다 높고 넓어.'

카네기는 자신이 맡은 일에 최선을 다했다. 일하는 속도도 빨랐고 학습 능력도 뛰어났다. 전보 배달원으로 일할 때는 틈틈이 모스 부호를 익혀 신호음만으로도 내용을 해독할 수 있을 정도였다. 오직 돈을 벌기 위해 여러 직업을 전전하던 카네기에게 인생의 빛이 찾아왔다. 평소 그의 성실함과 부지런함을 눈여겨보던 펜실베이니아의 철도 회사 주임인 스콧이 그에게 먼저 손을 내민 것이다.

"앤드루, 우리 회사로 오게나. 월급은 넉넉하게 주겠네."

그때부터 카네기는 철도 회사에서 일했다. 철도는 카네기에게 신기루와 같았다. 넓은 미국을 가로지르는 저 거대한 쇳덩어리가 사람들에게 꿈과 희망을 안겨주는 것을 두 눈으로 똑똑히 바라보았다. 그와 관련된 사업도 엄청났다. 그중에서 카네기가 눈여겨본 것은 침대차 사업이었다.

'그래, 저걸 해보자. 미국은 넓고 여행자도 계속 늘고 있어. 밤에 철도를 이용하는 사람들에게 반드시 필요한 게 침대이지.'

카네기의 생각은 적중했다. 침대차 사업은 그에게 많은 이윤을 남겼고, 돈을 다른 곳에 투자해 거대한 자본을 축적했다. 카네기는 여기에서 멈추지 않았다.

'앞으로 기차는 더 많이 필요해질 거야. 그럼 철의 수요도 점점 늘어나겠지. 그래, 제철소를 만들어 철강 사업을 해보

는 거야.'

그때부터 카네기는 본격적으로 철강 사업에 뛰어들었다. 하지만 시작부터 난관에 부딪혔다. 철로 만든 기찻길이 녹아버린 것이다. 철은 기존의 나무보다 단단했으나 서너 달만 지나면 녹아버렸다. 카네기는 철보다 더 강한 것을 찾기 위해 동분서주했다. 그때 반가운 소식이 들려왔다.

"앤드루, 이건 강철이라는 겁니다. 기존의 철보다 몇십 배는 더 강력하지요."

영국의 발명가 헨리 베서머가 개발한 기술을 활용해 그의 회사에서도 강철을 생산하기 시작했다. 이 튼튼하고 믿음직스러운 강철이 세상을 바꾸었다. 미국과 영국 등에서 철도를 잇달아 개설했고 선박, 가스관, 엘리베이터, 건물, 교량 등 많은 산업 분야에서 혁명적인 변화가 일어났다. 철강업은 점점 호황을 누리기 시작했고, 그는 철강과 관련된 기업을 합병해 철강 트러스트를 형성했다. 이렇게 해서 카네기 철강회사가 탄생했다. 미국 철강의 4분의 1을 그의 회사에서 생산했다.

'드디어 내가 큰 부자가 되었구나.'

열세 살부터 생계를 위해 주급 1달러 20센트를 받고 면직물 공장에서 얼레잡이를 했던 소년이 세계 철강계를 주

름잡는 사업가로 성공한 것이다. 자수성가를 통해 큰 부를 이룬 카네기는 자신에게는 한없이 온화했지만 직원들에게는 매우 엄한 기업가였다. 직원이 작은 실수라도 하면 용납하지 않고 화를 냈으며, 불성실한 직원은 보는 즉시 해고했다. 그런 그에게 홈스테드 철강소 파업은 인생의 전환점이었다. 미국 노동운동사의 큰 사건으로 기록된 이 파업으로 인해 10명이 숨지고 수백 명이 다쳤다. 그때 호화로운 여행 중이던 카네기는 급히 귀국해 사태를 진정시켰다.

'내가 어리석었구나. 이 철강소는 노동자들의 피와 땀으로 일구어낸 것이야. 내 부와 성공이 모두 그들 손에서 태어난 것이라고.'

그때부터 카네기는 노동자를 단순히 일꾼이 아니라 인생의 동료로 여기기 시작했다. 그리고 어린 시절 마음먹었던 '큰돈을 벌면 남을 위해 쓰겠다'는 자신과의 약속을 지키기 위해 노력했다. 먼저 스무 살 때부터 모은 3억 달러 넘는 재산을 사회에 환원했다. 피츠버그 시민에게는 감사의 편지를 썼다. 카네기 철강회사에서 일하다 불구가 된 장애인과 노인들에게도 400만 달러의 복지 기금을 만들어주었다. 그때 카네기가 했던 말은 유명하다.

"내가 부자가 될 수 있었던 것은 '가난'이라는 이름이 붙은 엄격하지만 가장 효율적인 학교에 다녔기 때문이다. 통장에 돈을 가득 넣은 채 부자로 죽는 것은 부끄러운 일이다. 인생에는 두 시기가 있다. 하나는 돈을 버는 시기이며, 또 하나는 번 돈을 나누는 시기이다."

무엇보다 카네기가 공들인 것은 도서관이었다. 먼저 2500만 달러를 기부해 공공 도서관 건립을 지원하는 워싱턴 카네기협회를 설립했다. 어린 자신에게 무료로 책을 볼 수 있도록 해준 제임스 대령에게 배운 것처럼 3000여 개 넘는 도서관을 지어 기증했다. 한 도서관의 설립 기념비에는 이런 문구를 적어 넣었다.

─지식과 상상력이라는 소중한 선물을 받은 근로 소년 앤드루 카네기가 감사의 기억으로 이 기념비를 세운다.

카네기가 도서관을 짓기 시작할 즈음에는 미국 전체에 오직 3000여 명의 사서가 있었을 뿐이었다. 하지만 오늘날 미국 전역에는 21만 5000여 명의 사서가 근무하고 있다. 카네기는 그 밖에도 카네기 회관, 카네기 교육진흥재단 등 교육 분야에 3억 달러 이상을 기증했다. 카네기 공과대학을 설립했으며, 세계적 명소로 자리 잡은 카네기 홀도 개관

했다.

카네기는 요행만을 바라고 노력하지 않는 젊은이들을 향해 일침을 가했다.

"사람이 무언가를 배우면 오래지 않아 그 지식을 활용할 기회가 오는 법이다. 유능하고 자발적인 젊은이가 자신이 성실하고 유능하다는 것을 입증하지 못할 정도로 단순하고 낮은 자리란 결코 없다. 스스로를 돕지 않는 사람을 도우려 하는 것은 소용없는 일이다. 스스로 사다리를 올라가려는 의지가 없는 사람을 억지로 떠밀어 올라가게 할 수는 없다. 좋은 기회를 만나지 못한 사람은 하나도 없다. 다만 그것을 잡지 못했을 뿐이다."

자기 전 재산의 90%를 아낌없이 사회에 환원한 카네기의 사무실 벽에는 커다란 낡은 그림 하나가 일생 걸려 있었다. 유명한 작가의 그림은 아니었다. 어느 아마추어 화가가 그린, 낡은 배와 노가 썰물에 밀려 모래사장에 아무렇게나 놓여 있는 그림이었다. 누가 봐도 절망스러운 모습이지만 카네기는 어떤 물건보다 이 그림을 아꼈다. 이 그림 밑에는 다음과 같은 말이 적혀 있었다.

─반드시 밀물 때는 온다. 그때 저 바다로 나아가리라.

정직은 당신을
부자로 만들어주는 정기적금이다

포목점 점원으로 일하는 프랑스 청년이 있었다. 하루는 호텔에 숙박하고 있는 은행가에게 옷감을 팔고 돌아왔다. 그런데 받은 돈을 계산해보니 두 배나 더 많았다. 청년은 이 사실을 주인에게 알렸지만, 주인은 시큰둥하게 말했다.

"우리 잘못은 없네. 그냥 두게."

청년은 주인의 만류에도 불구하고 호텔로 가 은행가에게 사과하고 나머지 돈을 건네주었다. 포목점 주인은 청년의 지나친 정직에 화를 내며 그를 해고했다. 이튿날 은행가는 청년이 자기 때문에 일자리를 잃게 되었다는 것을 알았다.

"나와 함께 일해보지 않겠나?"

청년은 은행가를 따라 파리로 가서 은행원이 되었다. 청년은 은행에서도 성실하게 일했고, 정직함을 잃지 않았다. 그 청년의 이름은 장 바티스트 콜베르. 나중에 프랑스의 재무장관 자리에 오른 그는 중상주의 정책을 추진해 프랑스의 국부를 증대시키는 데 크게 기여했다.

카네기는 평소 정직을 강조하며 다음과 같이 말했다.

"세상에는 거짓말을 해도 상관없고 꾀가 많아야 잘 살고 출세한다고 생각하는 사람이 많다. 여기 백 장 묶음의 종이 뭉치에서 한 장을 빼내면 모를 성싶지만, 세어보면 어디까지나 아흔아홉 장이지 백 장은 아니다. 거짓말을 한다는 것은 사실 앞에서는 무모한 일임을 깨달아야 한다."

스스로를 돕지 않는 사람을
도우려 하는 것은 소용없는 일이다.
스스로 사다리를 올라가려는 의지가 없는 사람을
억지로 떠밀어 올라가게 할 수는 없다.
좋은 기회를 만나지 못한 사람은 하나도 없다.
다만 그것을 잡지 못했을 뿐이다.

백 번이라도
다시 일어나기 위해 노력해라

희망 전도사 닉 부이치치

"제 이름은 닉 부이치치입니다. 태어날 때부터 팔다리가 없었습니다. 왜 이런 모양으로 태어났는지 의학적으로는 설명이 되지 않습니다. 저에게는 발이 하나 있습니다. 발가락이 2개 달려 있지요. 이 발가락으로 1분에 43개의 단어를 키보드로 칠 수 있습니다. 대학도 갔습니다. 회계학과 재무관리를 복수 전공했습니다. 졸업하고 나서는 부동산 관련 일을 했습니다. 그동안 저는 38개 나라를 다니며 2000번이넘는 강연을 했습니다. 전 사람들을 안아주는 것을 너무 좋아합니다. 35만 명 정도의 사람을 포용했습니다. 60분 동안1742번을 포용해 세계 기록에도 올랐습니다."

2010년 한국을 방문한 '희망 전도사' 닉 부이치치의 강연회에는 수많은 사람이 모여들었다. 특히 아주대 강연회에서는 아찔한 일이 발생했다. 닉이 자신을 소개하던 도중에 중심을 잃고 옆으로 쓰러진 것이다. 갑작스러운 돌발 사태에 청중과 관계자들은 당황했다.

　"이를 어째!"

　"우리가 가서 도와줘야 하는 거 아니야?"

　여기저기서 웅성거리는 소리가 들려왔다. 닉은 머리에 달린 마이크로 청중에게 말했다.

　"여러분이 보시는 것처럼 저는 지금 넘어져 있습니다. 아쉽게도 제게는 팔이 없어 일어날 수가 없군요. 만약 제가 일어서려고 노력하지 않는다면 저는 결코 일어날 수 없을 것입니다. 어렸을 때도 마찬가지였습니다. 자리에서 넘어지면 저는 일어설 수 없었죠. 그것은 매우 절망스럽고 비참한 경험이었습니다. 그러던 어느 날, 저는 혼자 힘으로 일어서겠다고 결심했습니다. 물론 그 일은 쉽지 않았어요. 아니, 정확하게 말하자면 마치 죽을 만큼 힘들었죠. 하지만 저는 포기하지 않았고 계속해서 노력했습니다. 그리고 마침내 일어설 수 있게 되었습니다."

　닉은 얼굴과 머리를 바닥에 대고 자신의 모든 몸을 이용해 마침내 똑바로 일어섰다.

"짝짝짝!"

"짝짝짝!"

강연장에는 박수가 쏟아졌다. 여기저기서 흐느끼는 소리도 들렸다. 닉의 말이 이어졌다.

"혹시 여러분도 넘어져 있다고 느끼십니까? 그렇다면 일어서십시오. 포기만 하지 않는다면 누구라도 일어설 수 있습니다. 두 팔과 다리가 없는 제가 일어설 수 있다면 팔다리가 있는 여러분은 훨씬 더 놀라운 일을 할 수 있을 것입니다."

감동적인 그의 강연은 TV뿐만 아니라 인터넷에서도 큰 화제를 몰고 왔다. 전 세계인이 그의 모습을 보고 감동 어린 찬사를 보냈다.

1982년 호주 멜버른에서 목사의 아들로 태어난 닉은 테트라-아멜리아 신드롬으로 양팔과 양다리 없이 발가락 2개가 달린 작은 왼발만 가졌다.

여덟 살이 되어 초등학교에 들어가기 전까지 닉은 자신이 사람들과 다른 몸을 가지고 태어났다는 사실을 몰랐다.

"악! 괴물이다!"

"사람이야, 짐승이야?"

"외계인이 강림하셨군."

학교에 가니 친구들이 놀렸고, 그때야 형과 누나는 물론 가족 모두 두 팔다리가 있다는 것을 알았다. 휠체어에 탄 닉은 자신이 한없이 부끄럽고 흉측해 보이기 시작했다.

"엄마, 나는 왜 다른 아이들처럼 손과 발이 없는 거예요?"

닉은 절망에 빠졌다. 그때 처음으로 죽음을 생각했다. 모두가 잠든 밤 닉은 엉금엉금 기어가 힘겹게 화장실 문을 열었다. 그리고 욕조에 들어가 입으로 수도꼭지를 돌렸다. 하얀 욕조 위로 물이 쏟아지기 시작했다. 자신의 몸뚱이보다 두 배 높은 욕조 위로 물이 차올랐다.

'이렇게 살아서 뭐해. 차라리 죽어버리는 게 나아. 내게는 희망도 미래도 없어.'

부이치치는 눈을 감았다. 이제 이 고단하고 힘겨운 삶도 마지막이라고 생각하니 하염없이 눈물이 쏟아졌다. 무엇보다 자신을 누구보다 아끼고 사랑해준 엄마와 가족들의 모습을 생각하니 가슴이 저렸다. 하지만 돌이킬 수 없는 선택이었다. 그는 가슴팍까지 차오르는 욕조 물을 보고 천천히 눈을 감았다. 그때 화장실 문이 열리고 엄마의 목소리가 들렸다.

"닉, 이게 무슨 짓이니!"

엄마의 소리에 온 식구가 달려왔다. 엄마는 목까지 차오른 욕조 속에서 닉을 건져냈다. 조금만 늦었어도 입과 코에 물이 들어가 생명이 위험한 순간이었다.

"엄마!"

욕조 물과 눈물로 범벅이 된 그의 입이 열렸다.

"이 녀석아, 대체 이게…."

엄마는 말을 잇지 못했다. 그 광경을 지켜보던 가족들도 닉의 행동에 고개를 떨구었다. 서로 말은 안 했지만, 닉이 겪었을 고통과 공포가 어떠했는지 짐작할 수 있었다. 하지만 가족들이 닉에게 해줄 수 있는 것은 없었다. 그저 지켜봐주고 응원할 뿐, 누구도 닉의 인생을 대신 살아줄 수는 없었다.

그 뒤로도 닉은 두 번이나 더 자살을 시도했다. 다행히 주위 사람들이 발견해서 목숨을 건질 수 있었다.

엄마와 가족들은 닉을 더 강하게 키우고 싶었다. 그래서 그를 특수 학교가 아닌 일반 학교에 보냈다. 닉이 울며 학교에서 돌아오는 것을 인내심을 갖고 지켜보았다.

닉은 어느덧 열세 살이 되었다. 그리고 어김없이 사춘기가 찾아왔다. 어느 날 어머니가 신문을 들고 닉의 방문을 열었다.

"닉, 이 기사를 보렴."

신문에는 장애를 딛고 사는 사람들의 이야기가 실려 있었다. 닉은 그 기사를 보면서 자신이 장애를 안고 태어난 것은 누구의 죄도 아니라는 걸 이해하게 되었다.

"닉, 사람은 누구나 어떤 목적을 가지고 태어난단다. 하나님은 왜 너를 그렇게 태어나게 하셨을까? 그건 너에게 특별한 목적이 있어서야. 그걸 찾아보자."

닉은 그때부터 생각을 바꿨다. 자신 안에 있던 열등감도 버렸다.

'그래, 모든 일에는 이유가 있는 법이야. 내가 이렇게 태어난 것도 엄마 말대로 어떤 목적이 있기 때문일 거야. 앞으로 얼마나 시간이 걸릴지 모르지만, 언젠가는 그 뜻을 알게 될 날이 오겠지. 그래, 용기를 내어 열심히 살아가자!'

마음이 한결 가벼워졌다. 닉은 2개밖에 달려 있지 않은 발가락을 뚫어지게 쳐다봤다.

"다행이야. 발가락이 2개나 있어서."

닉은 큰 소리로 웃었다.

그 2개의 발가락을 보고 자신에게도 미래가 있음을 깨달았다. 그리고 그동안 자신과 세상을 탓했던 일이 한없이 미련하고 후회스러웠다.

힘든 청소년기를 보낸 닉은 공부에 전념해 호주 그리피스 대학에 입학했다. 회계학과 재무학을 복수 전공했으며 수영과 골프, 농구를 즐겼다. 장애는 더 이상 닉에게 아픔이 아니었다. 극복해야 할 대상도 아니었다.

미국 로스앤젤레스에서 '사지 없는 삶'이라는 장애인 비영리 단체를 만든 닉은 세계를 돌아다니며 절망에 빠진 세상 사람들에게 용기를 주고 있다.

"가끔 우리는 넘어졌을 때 다시 일어날 힘이 없다고 느낍니다. 그러나 계속 실패해도 다시 시도한다면 그리고 또다시 시도한다면 그것은 실패가 아닙니다. 저는 백 번이라도 다시 일어나기 위해 노력할 겁니다."

2012년 2월 12일 외신들은 반가운 소식을 전했다. 닉이 미국 캘리포니아에서 일본계 여성 카나에 미야하라와 결혼식을 올린 것이다. 이제 어엿한 가장이 된 닉이 세상을 향해 말했다.

"제가 아직 팔과 다리를 갖게 해달라고 기도하느냐고요? 제가 아직도 팔다리를 갖고 싶어 하느냐고요? 네, 사실 그렇습니다. 하지만 신이 주시지 않는다고 해도 크게 실망하지 않을 겁니다. 절대로 포기하지 말라는 말을 하고 싶습니다. 희망을 품어야 합니다. 돈이 아무리 많아도 자기 정체성과 삶의 목적을 발견하지 못하면 불행합니다."

닉은 자신이 특별한 몸으로 태어났고 거기에는 이유가 있다고 믿었다. 몇 차례 죽음의 문턱 앞에서 닉은 인생의 또 다른 면을 봤다. 그건 자기 생각대로 행동하고 말해야 한다는 것이다. 세상 모든 것을 바꿀 수 없다면 자기 생각을 바꿔야 한다. 그 순간부터 그에게는 삶이 곧 축복이며 기쁨이었다.

작은 것을 위대하게 만드는 디테일의 힘

'깨진 유리창 이론Broken Windows Theory'이라는 게 있다. 미국의 범죄학자 제임스 윌슨과 조지 켈링이 1982년 공동 발표한 글에 처음으로 소개된 사회 무질서에 관한 이론이다. 깨진 유리창 하나를 방치해두면 그 지점을 중심으로 범죄가 확산하기 시작한다는 이론으로, 사소한 무질서를 방치하면 큰 문제로 이어질 가능성이 크다는 의미를 담고 있다. 작은 구멍 하나가 배를 침몰시키는 것도 같은 이치이다.

한 사람의 인생도 마찬가지이다. 나쁜 습관을 계속 내버려두면 그 습관을 중심으로 계속 나쁜 버릇들이 쌓인다. 반대로 좋은 습관만을 취해 그 수를 늘려간다면 어느새 좋은 습관만이 쌓인다.

작은 것을 결코 소홀히 하지 마라. 작은 물방울이 모여 바위를 뚫고 강을 거쳐 바다로 향하듯이 모든 큰일의 시작은 사소한 것에서 시작된다. 젓가락 하나하나는 손쉽게 부러뜨릴 수 있지만 여러 개를 하나로 묶으면 기둥이 된다.

우리는 매 순간 수많은 점을 찍으며 살아간다. 그 점들은 선으로 이어져 우리의 미래에 도달한다. 하나의 점은 작고 초라하지만 모이면 큰 힘이 된다. 기억하라. 민들레 홀씨 하나가 큰 숲을 이룬다.

가끔 우리는 넘어졌을 때
다시 일어날 힘이 없다고 느낍니다.
그러나 계속 실패해도 다시 시도한다면
그리고 또다시 시도한다면 그것은 실패가 아닙니다.

5부

당신이 선택한 길이 모든 것을 바꾼다

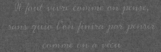

Il faut vivre comme on pense,
sans quoi l'on finira par penser
comme on a vécu

나이를 탓하며 주저앉기엔
남은 인생의 기회가 너무 많다

도보로 미국을 횡단한 정치 활동가 도리스 해덕

1999년 미국 북동부에 위치한 뉴햄프셔주의 작은 시골 마을. 도리스 해덕Doris Haddock 할머니가 TV를 보고 있었다. 당시 할머니의 나이는 89세. TV에서는 미국 대통령 선거에 출마한 공화당 후보와 민주당 후보가 격렬한 토론을 벌이고 있었다.

"부시는 아버지에 이어 대통령이 되겠다고 나왔군."

도리스 해덕이 말하자 옆에 있던 아들이 말을 이었다.

"이번에는 민주당이 유리할 것 같아요. 빌 클린턴이 백악관에서 창피한 스캔들을 일으켰지만 부통령을 지낸 앨 고어는 왠지 믿음직스러워 보여요. 부시보다 젊고 얼굴도 잘 생겼잖아요."

"누가 되든 이번에야말로 선거 자금 개혁이 이뤄져야
해!"

도리스 해덕은 89년을 살아오면서 미국의 선거 제도에
불만이 많았다. 그건 정치인이 기업과 부자에게 돈을 받아
선거를 치르고, 당선되면 이에 보답하기라도 하듯이 기업
과 부자에게 특혜를 주는 것이었다.

"경찰관이 피의자로부터 커피 한 잔을 얻어 마셔도 문제
가 된다. 하물며 정치인이 기업과 부자로부터 엄청난 자금
을 받아서야 국사를 공명정대하게 처리할 수 있겠느냐."

하지만 할머니가 할 수 있는 일은 아무것도 없었다. 어느
날 아들이 한 가지 제안을 했다.

"어머니, 플로리다로 낚시를 하러 가는데 함께 가시지 않
겠어요?"

도리스 할머니는 영 내키지 않았다. 다리도 불편하고 만
사가 귀찮았다. 그때 여동생이 플로리다에 살고 있다는 생
각이 떠올랐다.

'아들 녀석이 꾀를 냈군. 그래, 동생도 볼 겸 바람이나 쐬
고 오자.'

할머니와 아들은 플로리다로 향했다. 그곳으로 가던 중

한 노인이 작은 가방을 메고 지팡이를 짚고 걸어가는 모습을 보았다. 할머니가 물었다.

"도대체 저 노인은 저기서 뭘 하고 있는 거지?"

아들이 대답했다.

"글쎄요. 마치 순례자처럼 어딘가로 떠나고 있는 것 같은데요."

아들은 농담처럼 말한 것이지만 할머니는 그때 한 가지 영감이 떠올랐다.

"아들아, 너도 알다시피 여든아홉 먹은 노인이 할 수 있는 일은 아무것도 없단다. 하지만 내가 걸어서 미국을 횡단한다면 국민에게 내 뜻과 메시지를 전할 수 있지 않을까?"

놀란 아들이 물었다.

"국민에게 무슨 메시지를 전하고 싶으신데요?"

"정치자금개혁법 말이다."

아들은 매우 놀라며 소리쳤다.

"어머니는 낼모레면 아흔 살이시라고요!"

하지만 아들은 어머니의 고집과 생각을 꺾을 수 없었다. 한 번 하기로 마음먹으면 행동으로 옮겨야 직성이 풀리는 성격이라는 것을 잘 알고 있었다. 할머니는 휴가 내내 구체적인 계획을 구상했다.

'젊은이도 어렵다는 국토 횡단을 과연 내가 할 수 있을까? 내 걸음으로 걷는다면 몇 개월, 아니 1년이 넘게 걸릴지도 몰라. 하지만 아무리 힘들고 어려워도 내 생각을 국민에게 전해야 해. 내가 세상을 바꿀 수는 없지만 세상을 바꾸자고 제안할 수는 있잖아. 그거면 됐어. 나머지는 하늘에 맡기자.'

며칠 후 할머니는 정경 유착과 정치 선거 자금에 항의하며 미국 횡단을 시작했다. 처음에는 반대했던 아들과 증손자들이 든든한 후원자가 되었다. 노환, 폐기종, 천식을 앓고 있던 키 150센티미터의 할머니는 캘리포니아에서 발대식을 가졌다. 하지만 할머니를 지지하는 사람은 가족을 포함해 극소수에 불과했다. 할머니는 여기서 멈추지 않고 크고 작은 도시에 들러 정경 유착을 금지하는 법률 제정을 요구했다.

"우리 세대에 이 더러운 정경 유착을 끊지 못하면 다음 세대에도 똑같은 고민을 해야 합니다. 우리에게는 더 정직하고 나은 삶을 후세에게 물려줄 의무와 책임이 있습니다."

할머니의 연설과 캠페인은 사람들의 입소문을 타고 미국 전역으로 퍼져나갔다. 각지에서 할머니를 응원하는 사람들이 늘어났다. 할머니가 지나가는 길가에는 주민이 몰려 나와 응원하고 함께 행진도 했다. 동네 의사들은 할머니의 건강을 체크하고 기꺼이 침식을 제공했다.

그해 1월 서부 캘리포니아주 해안에서 출발한 할머니는 미국의 11개 주를 거치며 장장 4800킬로미터를 도보로 걸은 끝에 10월 말 동부의 워싱턴 DC에 도착했다. 국회의사당 앞에는 할머니를 응원하기 위해 수천 명의 사람이 모여 있었다.

"도리스 할머니, 당신이 진정한 영웅이오!"

할머니는 사람들을 향해 소리쳤다.

"정치인은 부정한 돈을 받아 선거 운동을 하지 마라!"

여기저기서 박수 소리가 터져나왔다. 할머니가 말을 이었다.

"저의 목표는 우리와 정치 참여 사이에 끼어드는 탐욕과 부패의 세력을 완전히 물리치는 것입니다. 그러기 위해서는 모든 선거 자금을 일반 국민의 세금으로 충당해야 합니다. 또한 입후보자가 TV에 나와 자기 생각을 밝히는 기회를 무료로 제공해야 합니다. 깨끗한 돈으로 국민의 대표를 뽑아야 이 나라가 고위 공직자의 부정부패에서 벗어날 수 있습니다."

할머니의 피 맺힌 절규는 다음 해 국회에서 격렬한 논쟁이 되었다. 그리고 국회에서 최소한 기업 자금의 일부가 미국 정치로 흘러드는 것을 막기 위한 법안이 통과되었다. 아흔이 넘은 할머니의 목소리와 메시지에 정치인들도 항복한 것이다.

"나이를 탓하며 주저앉기엔 남은 인생의 기회가 너무 많습니다. 일어나세요. 당신도 할 수 있습니다."

도리스 할머니는 자기 생각을 행동으로 보여줌으로써 많은 미국인에게 감동과 메시지를 전달했다.

무언가를 이루기 위해 늦은 나이란 없다

맥도날드의 창업자 레이 크록이 사업을 처음 시작한 나이는 53세였다. 창업 당시 그는 당뇨를 앓고 있었으며 각종 질병에 시달렸지만 매일 아침 직접 청소를 했다. 월마트의 창업자 샘 월튼은 44세에 창업했으며, KFC의 창업자 커넬 샌더스는 65세 때 사업에 실패한 뒤 74세에 600여 개의 체인점 사장으로 재기했다. 또한 면도기의 대명사 질레트의 창업자 킹 질레트는 48세에 창업했고, 메리케이 화장품은 창업자 메리 케이 애쉬가 45세에 창업했다.

소설가 박완서는 40세에 등단했으며, 화가 폴 고갱이 증권거래소 직원의 보장된 삶을 버리고 타히티섬으로 떠난 것은 43세 때였다. 영화 〈슈렉〉의 원작자이자 '카툰의 왕'이라 불리는 윌리엄 스타이크는 60세가 넘어 동화 작가로 등단했다. 전북 완주에 사는 70세의 차사순 할머니는 2종 보통면허 운전시험에서 무려 959번 떨어진 후 960번 만의 도전 끝에 면허증을 손에 넣었다.

이처럼 늦은 나이에 자신의 꿈을 이룩한 대기만성형의 사람을 '레이트 블루머Late Bloomer'라고 한다. 가능성을 스스로 닫지 않는다면 우리는 누구나 예쁜 꽃을 피울 수 있는 소중한 존재이다.

괴테는 다음과 같이 말했다.

"무엇인가 큰일을 성취하려고 한다면 나이를 먹어도 청년이 되어야 한다."

나이를 탓하며 주저앉기엔
남은 인생의 기회가 너무 많습니다.
일어나세요. 당신도 할 수 있습니다.

간절히 원하는 것이 있다면
포기하지 말고 도전하라

세계적인 동물학자 제인 구달

"여보, 제인이 없어졌어요."

"얼른 경찰에 신고부터 해요!" 집안이 발칵 뒤집혔다. 네 살밖에 되지 않은 딸이 갑자기 사라진 것이다. 가족은 출동한 경찰과 함께 집 주변을 샅샅이 뒤지기 시작했다. 잠시 후 경찰관이 제인을 찾은 곳은 마당에 있는 닭장 안이었다. 그곳으로 들어가자 구석에 웅크리고 앉아 있는 제인의 모습이 보였다. 어머니는 재빨리 울타리를 넘어 제인을 꽉 껴안았다. 그리고 울먹이는 목소리로 물었다.

"제인, 도대체 여기에서 무얼 하는 거니?"

놀란 것은 제인도 마찬가지였다. 제인이 떨리는 목소리

로 말했다.

"궁금해서요. 닭이 어디서 알을 낳는지 보고 싶었어요."

제인의 설명에 가족과 경찰은 어이가 없다는 듯이 웃었다. 닭이 알을 낳는 것이 궁금해서 온종일 닭의 꽁무니만 보고 있던 제인도 그때야 웃음을 되찾았다.

'예사로운 아이가 아니야. 내가 잘 보살피고 키워야 해.'

어머니는 그때부터 제인을 더욱 지극정성으로 돌보았다. 제인의 호기심은 여기에서 멈추지 않고 계속되었다. 지렁이를 방으로 가져와 몇 날 며칠을 관찰하기도 하고, 각종 곤충의 움직임을 호기심 있게 바라보기도 했다. 그리고《정글북》과《타잔》같은 자연과 동물에 관한 책을 좋아해 몇 번이고 반복해서 읽었다.

호기심 많은 아이는 무럭무럭 자라 열여덟 살이 되었다. 키는 또래보다 훌쩍 컸고 미모 또한 출중해 동네 남자아이들이 집까지 찾아오는 경우가 많았다. 하지만 제인의 고민은 다른 데 있었다.

'난 이제 어린아이가 아니야. 대학 문제는 내가 떼를 써서 될 문제가 아니고. 그럼 난 무얼 하지? 난 단지 동물을 관찰하고 동물에 관한 글을 쓰고 싶은데, 어떻게 그 일을 시작해야 할지 모르겠네.'

제인은 진로 문제로 고민하기 시작했다. 마음속에 동물과 관련한 일을 하고 싶다는 꿈을 가지고 있었지만 사실 그건 막연한 꿈에 불과했다. 그냥 동물 공부를 하고 싶을 뿐이었다. 하지만 그건 가정 형편상 어려운 일이라는 것을 제인은 잘 알고 있었다. 어머니 역시 그런 딸의 마음을 잘 알고 있었다.

"제인, 비서가 되어보는 건 어떻겠니?"

"비서요?"

"그래. 비서는 세계 어디서나 직장을 구할 수 있단다."

어머니의 충고대로 제인은 비서 학교에 입학해 수료했다. 그리고 병원에서 한창 업무를 익히고 있을 때 옥스퍼드 대학에서 비서를 구한다는 공고를 보았다. 제인은 바로 응모했다. 그리고 소원대로 옥스퍼드 대학의 사무원으로 일하게 되었다. 제인은 틈나는 대로 학교 도서관을 들락거렸다.

그러던 중 런던에 있는 다큐멘터리 영화 제작소에서 일자리를 구한다는 광고를 보고 짐을 꾸려 런던으로 날아갔다. 런던에서 홀로 지내며 틈틈이 아프리카에 사는 동물에 관한 책을 읽거나 강연을 들으러 다녔다. 제인에게 아프리카는 어릴 때부터 꿈에 그리던 낙원이었다. 자신이 좋아하는 동물을 비롯해 한 번도 본 적 없는 수백 종의 동물이 사는 아프리카야말로 제인의 가슴을 뛰게 만드는 연인과도 같은 존재였다.

"야호, 이건 기회고 행운이야!"

어느 날 제인 구달은 한 통의 편지를 받고 뛸 듯이 기뻐했다. 그 편지는 학교 친구였던 클로에게서 온 것이었다. 제인의 어릴 적 꿈을 기억하고 있던 클로는 편지에 이렇게 썼다.

─제인, 아직도 아프리카에 오고 싶니? 만약 그 꿈을 버리지 않았고 아프리카에 올 기회가 있다면 내가 있는 케냐로 오렴. 우리 농장에는 빈방이 많단다.

제인은 그날부터 뱃삯을 벌기 위해 허드렛일도 마다하지 않았다. 하지만 마음에 걸리는 게 하나 있었다. 그건 가족을 두고 머나먼 아프리카로 홀로 떠나야 한다는 사실이었다. 제인은 며칠을 고민하다가 이 사실을 어머니에게 털어놓았다. 그때 어머니가 제인에게 해준 말은 평생 그녀의 가슴에 남았다.

"제인, 네가 진실로 간절하게 원하는 것이 있다면 포기하지 말거라. 그리고 열심히 노력해서 기회가 오면 그걸 꽉 잡아야 한다. 그러면 네게 길이 생길 거다."

제인은 피곤함도 잊어버리고 밤낮으로 열심히 일했다. 힘들고 고단할 때마다 클로가 보내준 편지를 읽고 또 읽었다.

'아프리카여, 조금만 더 기다려다오.'

그렇게 돈을 모은 제인은 스물세 살인 1957년 드디어 자신이 그토록 원하던 아프리카에 도착했다. 클로의 농장에서 아프리카 생활을 즐기며 제인은 너무나 행복했다. 그토록 보고 싶어 했던 동물들이 바로 눈앞에 있었다.

'이 사랑스러운 동물들과 오랫동안 함께 지낼 방법이 없을까?'

그때 우연히 알게 된 사람이 제인에게 고고학자이자 인류학자인 루이스 리키 박사를 소개해주었다. 케냐의 수도 나이로비에 있는 자연사박물관장인 리키 박사는 아프리카 동물들에 관한 제인의 폭넓은 지식을 높이 사 그녀를 비서로 채용했다.

"난 동물과 인류의 조상에 관한 연구를 하고 있네. 주로 침팬지에 관한 연구를 하고 있지."

리키 박사가 연구하는 것은 주로 화석이었다. 하지만 제인은 살아 있는 침팬지를 연구하고 싶었다. 며칠을 고민한 끝에 자기 뜻을 전하자 리키 박사가 호기심 어린 눈빛으로 말했다.

"그래, 자네가 한번 해보게나. 생물학적으로 인류와 가장 가까운 침팬지나 오랑우탄, 고릴라 등에 관한 본격적인 연구가 필요할 때이네. 자넨 대학 졸업장이 없지만 그건 문제 될 게 없어. 동물 연구에는 학위보다는 자네처럼 동물에 대한 지식과 열정이 중요하네."

그때부터 제인은 침팬지에 관해 공부하기 시작했다. 가능한 모든 자료를 모으고 관련 논문과 책을 읽었다. 당시 침팬지의 행동 양식에 관한 연구는 거의 이루어지지 않았고, 당연히 자료도 별로 없었다.

'몸으로 직접 겪을 수밖에 없어.'

다음 날 제인은 루이스를 찾아갔다.

"침팬지 연구를 하려면 직접 밀림에 들어가야 합니다."

루이스는 깜짝 놀랐다.

"여자 혼자 야생으로 들어간다는 것은 위험천만한 일이야. 허락할 수 없네."

"혼자 가지 않겠습니다. 어머니와 함께라면 괜찮겠죠?"

그렇게 해서 제인은 어머니와 함께 탄자니아의 곰베 침팬지 보호구역으로 들어가 연구에 몰두했다. 5개월 후 어머니는 다시 영국으로 돌아갔지만 제인은 매일 침팬지 서식지를 찾아 관찰했다. 처음 침팬지들은 제인만 보면 도망쳤다. 그러나 제인은 침팬지 모두에게 이름을 붙여주고 그들에게 다가가기 위한 노력을 계속했다.

"넌 오늘부터 디지트야. 그리고 넌 피너츠, 넌… 버츠 아저씨라고 부를게. 버츠 아저씨는 정말 멋진 분이셨어. 내가 힘들고 외로울 때마다 항상 내 편이 되어주시곤 했지. 너도 나한테 그럴 수 있지?"

어느 날부터 침팬지들은 제인이 건네주는 바나나를 받아먹기 시작했다. 이렇게 침팬지와 생활하면서 제인은 놀라운 사실을 알게 되었다. 그건 침팬지들이 나뭇가지를 이용해 흰개미를 잡아먹는다는 점이었다. 충격적인 발견이었다. 그때까지만 해도 사람들은 '인간만이 도구를 사용할 수 있다'라고 생각했기 때문이다. 이 소식을 들은 루이스 리키 박사는 유명한 말을 남겼다.

"제인의 발견으로 우리는 인간을 다시 정의하든가, 도구를 다시 정의하든가, 아니면 침팬지를 인간으로 받아들여야 할 것이다."

제인의 발견은 커다란 파장을 불러일으켰다.

"저 여자가 침팬지들에게 나뭇가지를 이용하는 방법을 알려준 다음 조작한 게 틀림없습니다."

제인은 억울했다. 하지만 제인에게는 명백한 증거가 있었다. 그녀가 직접 촬영한 사진들이 진실을 입증했고, 몇 번의 실험을 본 그들도 제인의 연구 결과에 승복할 수밖에 없었다. 제인은 일약 동물학계의 유명 인사이자 이슈 메이커로 떠올랐다.

어느 날 루이스 리키 박사가 제인을 불렀다.

"제인, 기쁜 소식이네. 케임브리지 대학에서 자네에게 동물행동학 박사 학위를 준다고 하네. 얼른 짐을 꾸려 영국으로 가게나."

"저한테요?"

"그래. 자네의 침팬지 연구가 획기적이라는 평가야. 학위는 그 공로에 대한 보상이네. 이제 아무도 자네를 업신여기지 못할 거야."

제인은 눈물을 흘리며 감격스러워했다. 하지만 이런 기쁜 소식이 가능했던 것은 자신을 아끼고 늘 성원해준 멘토이자 스승인 루이스 리키 박사 때문이라는 것을 제인은 잘 알고 있었다. 그녀를 따르는 사람들도 생겨났다. 신문에서

그녀의 기사를 읽은 내셔널 지오그래픽 협회가 한 가지 제
안을 해왔다.

"제인, 당신이 동물 연구를 하는데 필요한 비용을 우리가
지원하겠소. 대신 우리는 당신이 일하는 모습과 자연을 주
제로 한 다큐멘터리 영화를 찍고 싶소."

그 결과 제인이 연구한 것을 바탕으로 〈제인 구달과 야생
침팬지〉라는 영화가 완성되었다. 이 다큐멘터리가 사람들
의 호기심과 큰 반향을 끌어내면서 많은 학자가 야생동물
연구에 관심을 갖게 되었다.

'침팬지는 인간과 매우 유사하다. 하지만 살육과 전쟁을
일삼는 인간보다 조금은 더 선한 존재야.'

수십 년간의 침팬지 연구로 제인 구달은 그런 생각을 하
고 있었다. 하지만 그녀의 생각은 한 사건을 계기로 여지없
이 깨지고 만다. 어느 날 제인은 한 침팬지 무리가 다른 침
팬지를 공격하는 것을 봤다. 피가 튀기고 살점이 여기저기
뜯겨나가고 침팬지 울부짖는 소리가 숲에 메아리쳤다. 생
지옥이 따로 없었다. 더욱 놀라운 것은 그들이 동족을 잡아
먹는다는 것이었다. 이러한 사례가 곳곳에서 일어나고 있
다는 것을 알게 된 제인은 침팬지에 대한 자신의 선입견을
버리고 좀 더 객관적인 눈으로 그들을 관찰하기 시작했다.

생애를 바쳐 침팬지 연구를 해온 제인에게는 재앙과 같은 결론이었다. 그녀는 이 사실을 학계에 알릴 것인가, 그냥 덮어둘 것인가를 놓고 고민했다. 왜냐하면 이런 침팬지의 폭력성과 잔인함이 알려지면 그와 유사하다고 여겨지는 인간에게도 그런 어두운 모습이 있다는 것을 인정하는 꼴이기 때문이다. 무엇보다 수십 년간 챔팬지와 함께 생활해 온 그녀에게는 커다란 타격이 올 게 분명했다. 제인은 며칠을 고민한 끝에 자신이 관찰한 사실을 학계에 알렸다. 예상처럼 몇몇 학자가 거세게 반발했다.

"그건 단순한 사고야!"

"침팬지가 동족을 잡아먹는다는 얘긴 들어본 적도 없어."

파장이 커지자 제인이 반박에 나섰다. 몇몇 학자는 제인이 침팬지 연구를 중단해야 한다고 압박해왔다. 하지만 그녀는 여기에 굴하지 않고 연구를 계속했다. 더욱 심각한 것은 다른 학자들의 무분별한 침팬지 포획이었다. 그들은 연구 명분으로 숲으로 들어가 무분별하게 침팬지를 포획하고 자신의 나라로 데려갔다. 이제 침팬지는 인간에 의해 실험 도구로 이용되다 버려지고, 살 곳을 잃어가고 있었다.

'이러다 침팬지가 멸종되고 말 거야. 내 연구도 중단될 테고. 이건 내가 바라던 게 아니야.'

제인에게 침팬지는 인생의 전부였다. 키 180센티미터의 늘씬한 미인인 그녀는 여러 남자에게 구애를 받았지만 평생을 함께할 동반자는 없었다. 사랑에 빠질 때마다 번번이 상처를 입었다. 그녀의 애정과 사랑을 저버리지 않는 것은 오직 침팬지뿐이었다. 원주민이 제인에게 붙여준 이름은 으니라마차벨리 Nyiramachabeli 였는데 그건 '산에서 남자 없이 혼자 사는 늙은 여자'라는 뜻이었다.

'나라도 나서서 막아야 해.'

그날부터 제인은 환경 운동에 뛰어들었다. 제인은 1년에 300일 이상을 전 세계를 돌며 '생명을 사랑하라!'는 메시지가 담긴 '생명 사랑 십계명'을 전파하고 다녔다.

"인간이 품성을 지닌 유일한 동물이 아니라는 것, 합리적 사고와 문제 해결을 할 줄 아는 유일한 동물이 아니라는 것, 기쁨과 절망을 경험할 수 있는 유일한 동물이 아니라는 것, 무엇보다도 육체적으로뿐만 아니라 심리적으로도 고통을 아는 유일한 동물이 아니라는 것을 받아들인다면 우리는 덜 오만해질 수 있습니다."

그리고 이런 말도 남겼다.

"모든 개인은 중요합니다. 모든 개인은 자신의 역할이 있습니다. 모든 개인은 변화를 가져올 수 있습니다. 절대 잊지

마세요. 우리에게는 세상의 짐이 되지 않고 자신에게 주어
진 재능을 활용해 세상을 더욱 좋은 곳으로 만들 수 있는 권
리가 있습니다."

포기하지 않으면 인생은 당신 편이다

1941년 영국의 해로스쿨을 방문한 처칠은 이렇게 말했다.

"절대로 포기하지 마십시오. 큰 일이든 작은 일이든, 아무리 중요하거나 아무리 하찮은 일이라도 절대로 포기하지 마십시오. 명예롭거나 현명한 판단이 아니라면 절대로 포기하지 마십시오. 상대의 힘에 눌려 포기하지 마십시오. 상대가 아무리 압도적으로 우세한 힘을 가졌더라도 절대로 포기하지 마십시오."

그리고 7년 후인 옥스퍼드 대학 졸업식에서도 비슷한 말을 했다.

"저의 성공 비결은 단 세 가지입니다. 절대 포기하지 마라. 절대, 절대로 포기하지 마라. 절대, 절대, 절대로 포기하지 마라!"

처칠이 '절대로 포기하지 마라'고 강조한 것은 힘들고 지친 상황에 놓일 때 인간이 가장 쉽게 선택할 수 있는 것이 포기이기 때문이다. 이 지점이 바로 평범한 사람과 비범한 사람을 구분 짓는 갈림길이다. 꼭 기억해야 할 것은 가능하다고 생각하든 불가능하다고 생각하든 당신의 생각이 옳다는 것이다. 포기하지 마라. 저 모퉁이만 돌면 희망이 기다리고 있을지도 모른다.

네가 진실로 간절하게 원하는 것이 있다면
포기하지 말거라.
그리고 열심히 노력해서
기회가 오면 그걸 꽉 잡아야 한다.

행복을 원한다면
자신이 좋아하는 일을 해라

투자의 귀재이자 세계 최고의 부자 워런 버핏

"신문 왔습니다!"

소년은 한쪽 손에 신문을 잔뜩 들고 골목을 달리며 소리쳤다. 이른 새벽, 거리는 한산했다. 모두가 집에서 자거나 부지런한 사람들은 출근 준비를 하느라 바쁜 시간이었다. 소년은 하얀 입김을 내뿜으며 부지런히 신문을 배달했다.

고향을 떠나 워싱턴으로 이사한 지 얼마 되지 않아 지리도 밝지 않았다. 하지만 소년은 하루도 빼먹지 않고 비가 오나 눈이 오나 신문을 배달했다. 운동도 하고 용돈도 벌 겸 시작한 신문 배달이 소년은 마냥 즐겁기만 했다.

"어이, 학생!"

아담하고 오래된 저택에 신문을 넣고 돌아서는 순간, 뒤에서 목소리가 들렸다. 소년은 멈칫하며 뒤돌아섰다.

"우리 집엔 신문을 넣지 말라고 했잖아!"

중년의 아저씨가 허리에 양손을 얹은 채 화난 표정으로 말했다.

"저는 이 댁에 신문을 넣으라고 해서…."

"자꾸 이러면 본사에 전화해서 혼을 내줄 테다! 우린 더는 〈워싱턴 포스트〉를 안 본다니까."

아저씨는 소년의 말을 무시하고 큰 소리로 말했다. 소년은 잠시 생각하더니 짐짓 궁금한 표정으로 물었다.

"〈워싱턴 포스트〉를 안 보시면 무슨 신문을 보시게요?"

"무슨 신문이라니?"

"아저씨 같은 분이 신문을 안 보실 리는 없고, 〈워싱턴 포스트〉를 안 보시면 다른 신문이 필요할 것 같아서요."

소년의 말에 아저씨는 우물쭈물 대답했다.

"그야 그렇지만…."

"그럼 〈워싱턴 헤럴드〉를 보시는 게 어때요? 그러면 저는 고객을 잃지 않고, 아저씨는 새로운 신문을 읽게 되는 거잖아요."

"허, 그 녀석 참 맹랑하군."

아저씨가 할 수 없다는 듯 〈워싱턴 헤럴드〉를 구독하기로 약속하자, 소년은 꾸벅 인사를 하고 휘파람을 불며 골목을 내달렸다. 소년은 이처럼 대인 관계는 물론 비즈니스에 탁월한 재능을 발휘했다.

소년은 고향 마을 오마하에 있을 때부터 남다른 아이였다. 숫자와 세부 정보, 돈벌이 등에 많은 흥미를 느껴 여섯 살 때 이웃에게 껌을 판 것을 시작으로 갖은 방법을 동원해 돈을 벌었다. 그뿐만 아니라 콜라를 팔기도 하고, 동네 골프장에서 중고 골프공을 팔기까지 했다. 이는 모두 누가 시켜서 한 일이 아니라 자신이 좋아서 한 일이었다. 그런데도 소년은 되바라지거나 건방지지 않고, 주위 사람들로부터 늘 총명한 아이라는 칭찬을 받았다.

소년이 열두 살 되던 해에 아버지가 하원의원에 당선되어 온 가족이 워싱턴으로 이사했다. 낯선 곳에서도 소년의 호기심과 열정은 여전했다.

고등학생이 되어서도 신문 배달을 하는 한편, 고향 오마하에서 한 시간 거리에 있는 땅을 사 임대하고 수익을 농부와 나눠 가졌다. 평범한 아이로선 결코 할 수 없는 일이었다. 그뿐만 아니라 소년은 주식 투자에도 관심이 많았다.

소년이 처음 주식에 대해 안 것은 하원의원에 당선되기

전 오마하에서 주식 중개인으로 일한 아버지 덕분이었다. 소년은 열한 살 때 주식 투자를 시작해 큰 수익을 올렸다.

'주식은 마치 요술 상자 같아. 하지만 아무렇게나 값이 오르고 내리는 건 아니야. 여기엔 분명 규칙이 있을 거야.'

소년의 이름은 훗날 전설적인 투자의 귀재로 세상에 명성을 떨친 워런 버핏이었다.

네브래스카 주립대학교에서 학부 공부를 마친 버핏은 하버드 경영대학원에 원서를 냈지만 입학을 거절당했다. 할 수 없이 컬럼비아 경영대학원에 입학해 그곳에서 가치 투자의 대가이자 당시 컬럼비아 대학교 교수이던 벤저민 그레이엄 Benjamin Graham 을 만났다. 버핏은 그레이엄 교수를 자신의 멘토로 삼아 열심히 공부했다.

컬럼비아 경영대학원을 졸업할 즈음 버핏은 더 많은 공부를 하고 싶어 그레이엄이 설립한 투자 회사에서 일하기로 마음먹었다. 하지만 그레이엄은 버핏의 입사를 거절했다. 실망한 채 고향 오마하로 돌아온 버핏은 아버지가 운영하는 증권 중개 회사에서 일자리를 구했다. 그곳에서 버핏이 맡은 일은 사람들에게 전화를 걸어 특정 기업의 주식을 매수하도록 설득하는 것이었다. 버핏을 신뢰하는 사람들은 그의 능력을 믿고 투자해 많은 이익을 봤다. 하지만 그를 못

미더워한 사람들은 투자 자체를 꺼리거나 매도 시점을 제멋대로 정해 손실을 보기 일쑤였다.

'좋은 경험이긴 하지만 이건 내가 좋아하는 일이 아닌 것 같아. 게다가 여긴 너무 좁아. 좀 더 넓은 물에서 일하고 싶어.'

일에 대한 갈증을 느끼던 차에 그레이엄의 회사에서 일할 기회가 생겼다. 버핏은 이 좋은 기회를 놓치지 않고 뉴욕 시티로 이사해 그레이엄의 회사에서 일하기 시작했다. 버핏은 그곳에서 기업 분석을 하고 저평가된 기업을 투자 회사에 추천하는 업무를 담당하며 두각을 나타냈다.

그리고 얼마 후, 그레이엄의 회사를 떠나 버핏 어소시에츠Buffett Associates를 창업했다. 당시 이 회사의 주주는 버핏 자신과 가족, 친구 등 7명뿐이었다. 초기 자본금도 버핏이 출자한 100달러와 다른 6명의 파트너가 출자한 10만 5000달러가 전부였다.

버핏은 투자할 만한 기업에 대한 자료를 읽고 조사하는 데 전념했다. 이윽고 버핏 어소시에츠의 명성이 조금씩 쌓이기 시작했다. 수익률이 평균보다 월등히 높고, 파트너에게 수익을 올려준 경우에만 보상을 받는 수수료 시스템을 갖췄기 때문이다. 오마하에 있는 버핏 어소시에츠의 명성은 순식간에 미국 전역으로 퍼져 나갔다.

1969년 버핏 어소시에츠를 청산할 때까지 버핏의 파트너들은 연평균 32%의 수익을 벌어들였다. 게다가 이는 제반 수수료를 제하기 전의 수치였다. 이런 수익률은 그때나 지금이나 전무후무한 일이었다.

하루는 기자가 버핏에게 물었다.

"행복이 무엇이라고 생각합니까?"

버핏은 주저하지 않고 대답했다.

"나는 행복을 아주 분명하게 정의할 수 있습니다. 내가 바로 그 표본이기 때문이죠. 나는 1년 내내 내가 좋아하는 일만 합니다. 좋아하는 일을 좋아하는 사람들과 함께할 뿐이지요. 그게 바로 나의 행복입니다."

"하지만 사람이 살다 보면 싫은 일을 할 때도 있지 않을까요?"

"물론 그렇죠. 내 말은 가정생활 같은 일상 말고 일과 관련해 그렇다는 얘깁니다. 일하면서 유일하게 싫은 것이 있긴 합니다. 3, 4년에 한 번씩 누군가를 해고해야 한다는 사실이죠. 그것만 빼면 문제 될 게 없습니다. 나는 탭댄스를 추듯이 일터에 나가 열심히 일하다가 가끔 의자에 등을 기댄 채 천장을 바라보며 그림을 그리곤 하죠. 이것이 내가 행복을 느끼는 방식입니다."

세계적인 투자의 귀재 워런 버핏은 이처럼 자기 일을 맘껏 즐기는 것으로 유명하다. 버핏 투자 방식의 가장 중요한 특징은 시장의 기류에 일희일비하지 않고 장기적 안목을 취한다는 것이다. 그리고 이른바 전문가라고 하는 사람들이 몇 년 후의 일을 예측한 내용에 그다지 큰 관심을 기울이지 않는다. 요컨대 사람들이 단기 수익을 노릴 때도 굳건하게 시장을 지켜보며 기다린다.

버핏은 특히 가치 있는 주식을 발굴해 매입하고 이를 오랫동안 보유하는 것으로 유명하다. 1990년대 미국에서 신경제와 인터넷 기술주의 주가가 급등할 때, 버핏은 이렇게 주장했다.

"1980년대 일본에서처럼 미국 주식도 버블로 인해 터져버릴 것이다."

이후 버핏의 예상대로 인터넷 주와 신경제에 대한 거품론이 확산하면서 나스닥 시장이 하락했다. 인터넷 주의 급격한 성장세에도 불구하고 철저하게 기업이 내재한 가치만을 따져 투자 종목을 선정한 버핏의 투자 전략이 다시금 인정을 받은 사례다. 이런 냉정한 성향 덕분에 버핏은 시장의 출렁임을 이겨내고 누구보다 높은 수익률을 창출할 수 있었다. 이와 관련해 버핏은 2007년 〈뉴욕 타임스〉와의 인터뷰에서 이렇게 말했다.

"투자가 좋은 점은 투수가 공을 던질 때마다 스윙할 필요가 없다는 것입니다. 투수의 공이 배꼽에서 1인치 위로 들어오는지, 아니면 1인치 아래로 들어오는지 지켜볼 수 있습니다. 스윙을 할 필요가 없습니다. 스트라이크 아웃이라고 외치는 심판도 없습니다. 원하는 공이 들어올 때까지 기다릴 수 있습니다."

버핏은 뉴욕에서 2000킬로미터 넘게 떨어진 자신의 고향 네브래스카 주 오마하를 거의 벗어나지 않으며 조용한 삶을 살고 있다. 하지만 그런 가운데서도 주식 시장의 흐름을 정확히 꿰뚫는다고 해서 '오마하의 현인Oracle of Omaha'이라고도 일컫는다.

자신의 일을 좋아하는 것은 성공의 기본 조건이다. 좋아하지 않는 일에 열과 성을 다할 수는 없기 때문이다. 좋아하는 일을 열심히 하다 보면 성과가 나타나고, 성과가 나타나면 인정을 받고, 인정을 받으면 더욱 열심히 일해 성공이 눈앞에 다가오게 마련이다. 그야말로 매우 긍정적인 선순환의 법칙이다. 그러니 성공하려면 먼저 자신이 좋아하는 일부터 찾아야 한다.

커다란 도약을 원한다면
습관부터 바꿔라

베스트셀러 《성공하는 사람들의 7가지 습관》을 쓴 스티븐 코비 박사는 이렇게 말했다.

"조금씩 자신을 개선하고자 할 때는 행동을 고치면 된다. 그러나 커다란 도약을 바란다면 사고방식을 고쳐라."

요컨대 성공하려면 습관을 고치라는 얘기다. 그런데 실패하는 사람은 언제나 결심만 한다. 자신의 성공을 가로막는 사소한 습관을 바꾸려 하지 않은 채 결심하고 또 결심한다. 실천이 필요하다는 걸 알지만 좀처럼 행동으로 옮기지 못한다.

미국 경제 전문지 〈포브스〉는 '성공을 가로막는 13가지 작은 습관'이라는 기사를 실으며 그 첫 번째로 '맞춤법 실수'를 들었다. 맞춤법 실수 같은 작은 습관이 우리의 성공을 가로막는다니 놀랍기만 하다. 사람들은 흔히 사소한 것을 무시하는 경향이 있지만, 이 세상에 사소한 것을 무시하고 성공한 사람은 없다.

아인슈타인은 이렇게 말했다.

"문제를 일으켰을 때와 똑같은 정신 상태로는 어떤 문제도 해결할 수 없다."

성공적 삶을 좌우하는 요체는 정신 상태, 곧 습관을 바꾸는 것이다.

자신의 일을 좋아하는 것은
성공의 기본 조건이다.
좋아하지 않는 일에
열과 성을 다할 수는 없기 때문이다.

위대한 꿈은
하루아침에 이루어지지 않는다

세계적인 책마을 헤이온와이 창시자 리처드 부스

영국 웨일스 지방에 자리 잡은 작고 아름다운 전원 마을 헤이온와이. 리처드 부스라는 이름의 청년이 땀을 뻘뻘 흘리며 마을 광장을 걷고 있었다.

"두고 보시라지. 조만간 내가 그 성을 사서 책방으로 만들어버릴 테니까."

부스는 중얼거리며 이마의 땀을 훔쳤다. 부스는 조금 전 헤이 성의 주인을 만나고 나오는 길이었다.

"아저씨, 이 성을 저한테 파십시오."

"안 판다고 하지 않았나."

주인은 짜증 섞인 표정으로 말했다. 벌써 몇 번째인지 몰랐다. 이젠 만나는 것도 귀찮았다. 괴짜도 그런 괴짜가 없었다.

"자네가 아무리 그래도 이 성은 절대로 팔 수 없으니 그리 알고 다시는 찾아오지 말게."

"제발 좀 파십시오."

"안 판다니까."

폐광촌인 헤이온와이는 그림엽서 속 풍경 같은 마을이었다. 이 마을의 원래 이름은 '헤이'였는데 언제부턴가 마을 옆을 흐르는 작은 강의 이름인 '와이'를 더해 헤이온와이라고 부르게 되었다.

그런데 얼마 전 대학을 졸업하고 고향으로 돌아온 부스가 마을을 헤집고 다니기 시작했다. 처음엔 오랫동안 비어 있어 헐값이나 다름없는 마을 소방서를 사들이더니 폐가 하나와 허름한 창고 몇 개를 연이어 더 사들였다. 사람들은 땅 투기를 하려니 생각했다. 하지만 헤이온와이 마을은 워낙 시골인지라 투자 가치가 그다지 없었다. 사람들은 의아해하면서 부스를 예의 주시했다.

얼마 후, 부스는 소방서를 개조해 서점을 만들었다. 그것도 헌책방을. 마을 사람들은 아연실색했다. 인구도 별로 없는 이런 외진 곳에 서점이라니….

"혹시 미친 것 아니야?"

"글쎄, 미치지 않고서야 그런 짓을 벌이겠어?"

사람들은 모였다 하면 수군거렸다.

"그런데 옥스퍼드까지 나온 수재가 괜한 짓이야 하겠어? 뭔가 꿍꿍이가 있는 거겠지."

"꿍꿍이는 무슨! 미친 게 틀림없다니까."

그런 소리를 들을 때마다 부스는 자신 있게 말했다.

"꼭 성공할 테니 두고 보십시오. 언젠가는 마을 사람 모두가 나한테 고마워할 겁니다."

"자네, 정말 마을을 온통 서점으로 만들 셈인가?"

"그렇다니까요."

부스는 1962년 스물네 살 때 처음 서점을 연 뒤로 계속해서 마을 곳곳에 서점을 만들었다. 회계사로서 얼마든지 편안하고 안정적인 삶을 살 수 있는 그가 부모님과 주변 사람들의 만류에도 불구하고 서점을 열기 시작한 것은 나름대로 꿈이 있었기 때문이다.

부스는 어릴 때부터 책을 무척이나 사랑했다.

"이 세상 모든 책을 다 모을 수 있다면 얼마나 행복할까."

이런 꿈을 꾸며 부스는 닥치는 대로 책을 읽고, 다 읽은 책을 소중히 보관했다. 열네 살 때는 자주 들르는 헌책방 주인에게서 이런 말을 듣기도 했다.

"부스, 너는 나중에 헌책방 주인이 될 거야."

물론 책을 좋아하는 기특한 꼬마 단골의 사기를 북돋아 주기 위한 말이었다. 그러나 이미 책의 왕국을 만들고 싶다는 꿈을 품고 있던 부스에게는 헌책방 주인의 그 말이 마치 신탁의 예언처럼 들렸다.

'그래, 난 할 수 있어. 하지만 그냥 헌책방 주인은 되지 않을 거야. 난 책 왕국의 왕이 되겠어.'

대학을 졸업한 부스는 좋은 일자리를 뿌리치고 자신의 꿈을 이루기 위해 도전하기 시작했다. 그의 꿈은 다른 게 아니라 고향 마을 전체를 헌책방으로 만드는 것이었다.

하지만 서점은 사람들의 예상대로 적자를 면치 못했다. 책, 그것도 헌책만 잔뜩 쌓아놓았지 찾는 사람이 없었기 때문이다.

"부스, 책을 팔지는 않고 쌓아두기만 할 거야?"

"그러게. 안 팔 거면 나한테 주게. 땔감으로나 쓰게."

사람들은 몇 개월도 못 가서 분명 망할 거라고 했다.

'천만의 말씀. 난 안 망해. 바보들이나 서두르는 거라고. 그리고 좋은 책은 반드시 팔리게 되어 있어.'

부스는 일희일비하지 않고 자신의 목표를 향해 앞으로

나아갔다. 그는 처음부터 마을 사람들이 아니라 세계인을 자신의 고객으로 생각하고 있었다.

'좋은 책을 사 모으면, 전 세계에서 손님이 몰려올 거야.'

그런 생각으로 여유가 생길 때마다 세계 각지를 돌아다니며 계속 헌책을 사들였다. 그리고 마침내 마을의 상징인 헤이 성을 사들여 서점으로 만드는 데 성공했다.

그로부터 얼마 후인 1970년대 초, 헤이온와이 마을의 헌책방에 가면 구하지 못할 책이 없다는 입소문이 퍼졌다.

"헤이온와이에 가면 희귀한 책을 얼마든지 구할 수 있대."

"그 얘긴 나도 들었어."

"근데 헤이온와이 마을이 대체 어디 있는 거야?"

"글쎄, 나도 처음 들어보는 이름이야."

헤이온와이 마을은 일약 유명세를 치르기 시작했다. 이어 영국 각지에서 사람들이 몰려들더니 급기야는 세계의 책 애호가들이 마을을 찾아왔다. 시골의 작은 폐광촌이 말 그대로 책의 왕국이 된 것이다.

상황이 이렇게 되자 마을 사람들도 하나둘 생각을 바꾸었다. 책을 사러 찾아오는 사람들을 위해 호텔과 식당을 열고, 스스로 헌책방을 개업하기도 했다. 이렇게 해서 급기야는 마을 전체가 헌책을 중심으로 완전히 새롭게 태어났다.

부스는 1977년 4월 1일 만우절 이벤트를 개최해 '헤이 독립선언서'를 발표하고 '서적왕 리처드 부스 즉위식'을 열었다.

"나는 이 헌책 마을의 왕이다!"

헌책방 제국을 세우고 스스로 1대 황제로 취임하는 재미있는 일을 벌인 것이다. 한편, 헤이온와이의 독자적인 화폐와 우표 및 여권을 발행하기도 했다. 사람들은 부스의 이런 참신한 아이디어에 감탄했다. 그리고 언론이 이 일을 대서특필하면서 책 마을은 더욱 이름을 알리게 되었다.

1988년부터는 해마다 5~6월에 걸쳐 축제를 개최했다. 열흘 동안 180여 개의 강연과 전시, 공연, 낭독, 인터뷰, 거리 축제 퍼포먼스 등을 여는 '헤이 축제'는 해마다 10만 명이상이 참가해 〈뉴욕 타임스〉가 '영어권 국가에서 가장 중요한 축제'로 선정할 만큼 오늘날까지 높은 명성을 자랑하고 있다. 아울러 헤이온와이의 성공을 모델로 각국에서 책 마을을 만들기도 했다. 이를테면 벨기에의 레뒤Redu, 네덜란드의 브레드보르트Bredevoort, 프랑스의 몽틸리외Montulieu 등의 책 마을이 그것이다.

사람들은 부스의 이런 성공에 혀를 내둘렀다.

"정말 엄청납니다. 어떻게 이런 외지에 이렇게 큰 서점을 만들 생각했지요? 누가 봐도 무모한 일 아니었습니까?"

"무모하다는 얘기는 처음부터 들었습니다. '대책 없는 몽상가'니 '쓸모없는 외톨이 책벌레'라는 얘기도 들었지요. 그것도 부모님과 마을 사람들한테서요. 하지만 저는 헌책방은 어디에나 차릴 수 있다고 생각했습니다. 그리고 좋은 책만 있다면 성공할 수 있다고 믿었습니다. 서점 주인은 오직 도서 목록으로만 승부를 겨루는 법이니까요."

"그런데 왜 하필이면 헌책입니까?"

"헌책은 그냥 오래된 책이 아닙니다. 책 속에는 무한한 상상과 지식의 세계가 있지요. 그런데 헌책에는 그 책의 책장을 넘기던 다른 사람들의 꿈까지 머금고 있습니다. 정말 멋지지 않습니까? 그런 헌책을 어떻게 사랑하지 않을 수 있겠습니까? 그리고 또 하나. 새 책이 저자의 국가나 지역 경제를 발전시킨다면, 헌책은 수많은 세계를 오가며 인류가 나아갈 방향을 제시한다고 생각합니다. 요컨대 상상의 세계, 지식의 세계, 미지의 세계를 탐험하는 데 헌책만 한 것은 없다고 생각합니다."

"이렇게 성공하기까지 고생이 많았겠군요."

"역사는 하루아침에 이루어지지 않습니다. 그렇다고 전

략 없이 오래 노력한다고 해서 저절로 이루어지는 것도 아닙니다."

실제로 부스는 끊임없이 아이디어를 물색했다. 헤이온와이의 성벽을 따라 무려 4킬로미터에 달하는 야외 책장을 만드는가 하면 고객이 원하는 책을 가져가고 책값은 알아서 내는 이른바 '정직 서점'을 개설했다. 이 같은 야외 서점은 재고 처리는 물론 대대적인 홍보 효과까지 노린 기발한 발상이었다.

현재 1400명의 주민이 사는 헤이온와이 마을에는 연간 50만 명의 관광객이 몰려들고 한 해 100만 권이 넘는 헌책을 판매하고 있다. 불과 50년 전만 해도 서점은커녕 책을 읽는 사람조차 거의 없던 쇠락한 산골을 세계적인 책 마을로 만든 것은 한 사람의 꿈 덕분이었다.

한 사람의 생각이 세상을 바꾼다

프랑스 리옹에서 60킬로미터 남짓 떨어진 오트리브에는 발레 이 데알, 이름 그대로 꿈의 궁전이 있다. 성의 길이는 총 26미터, 폭은 14미터, 높이는 10미터에 이른다. 놀라운 것은 이 궁전을 페르디낭 슈발이라는 우편배달부가 33년 동안 혼자서 쌓았다는 것이다. 궁전의 폭포를 만드는 데만 2년이 걸렸고, 성 입구에 동굴과 거인상을 만드는 데 5년이 걸렸다. 성을 쌓는 동안 하나뿐인 아들과 아내를 잃었지만, 그의 궁전은 1979년 프랑스의 문화재로 선정되었다. 페르디낭은 여든여덟 살에 숨을 거두었지만, 그가 33년간 하나씩 쌓아 올린 꿈을 보기 위해 지금도 수많은 관광객이 찾아온다.

평범한 디자이너였던 강우현은 남이섬의 땅 주인으로부터 이곳을 관광 명소로 만들어달라는 제안을 받는다. 5년이 지난 후, 강우현 스타일로 디자인된 남이섬은 아무도 찾지 않는 곳에서 하루 관광객 1000명이나 되는 관광 명소로 변했다. 때마침 이곳에서 촬영된 〈겨울 연가〉 열풍도 불었다. 2006년 3월 1일, 강우현 사장은 남이섬의 이름을 '나미나라공화국'이라 바꾸고 독립 선언을 했다. 남이섬에 들어가기 위해서는 여권을 발부받아야 하며, 입장료 대신 비자 비용을 내야 한다. 나라를 상징하는 화폐와 우표도 있다.

비록 지금은 작고 초라한 꿈일지라도 언젠가는 꼭 이루어진다는 믿음을 가져야 한다. 잊지 말아야 할 것은 한 사람의 생각이 세상을 바꾼다는 것이다.

이 세상 모든 책을 다 모을 수 있다면
얼마나 행복할까.

자기 일을 사랑하는 것은 멋진 일이다

평범한 주부에서 살림의 여왕이 된 마사 스튜어트

마사 스튜어트의 절친한 친구인 오프라 윈프리는 자신의
쇼에 출연한 마사와의 인터뷰에서 그녀의 살림 솜씨를 극
찬하며 이렇게 말했다.

"정말 놀라워요. 전 당신의 성공이 쿠키를 굽는 것에서
비롯되었다고 생각하는데 어떻게 생각하시나요?"

그러자 마사는 특유의 자신감 있는 어조로 대답했다.

"저도 그렇게 생각합니다. 전 쿠키 굽는 일을 빅토리아
여왕이 대영제국을 건설한 것과 같은 가치가 있다고 생각
해요. 요컨대 자기 일에 임하는 진지한 태도에서는 어떤 차
이도 없다는 것이죠."

오프라 윈프리는 재치 있는 마사의 대답에 두 손을 들고 멋쩍게 웃었다. 우문에 대한 멋있는 한 방이었다. 부엌살림을 빅토리아 여왕의 대영제국 건설에 비유한 이 말에는 삶을 대하는 마사의 인생 철학이 그대로 녹아 있다. 평범한 주부에서 살림을 예술의 경지로까지 승화시키고, 성공적인 기업을 일군 마사는 말 그대로 '살림의 여왕'이다.

마사는 1941년 8월 3일 폴란드 출신의 가난한 이민자 집안의 둘째 딸로 태어났다. 어려서부터 부모님의 영향을 받아 요리와 정원 가꾸기 등 집안 살림에 많은 관심을 가졌다.

뉴욕의 버나드 칼리지에서 예술과 건축 역사를 공부하는 동안에는 학비를 벌기 위해 모델 일을 하며 여러 광고에 출연하기도 했다.

대학 2학년 때 예일 대학 법대에 다니던 앤디 스튜어트와 결혼해 딸 알렉시스를 낳았다. 자신의 꿈을 접고 스무 살이 조금 넘은 이른 나이에 전업주부가 된 것이다.

마사는 남편이 학위를 딸 때까지 내조에 힘썼다. 그리고 남편이 변호사 일을 시작하고 생활이 안정되자 다시 사회생활을 하기로 결심했다. 증권 브로커로 일하면서 큰 수익을 올리기도 했다. 하지만 1970년 세계를 불황의 늪에 빠뜨린 오일 쇼크가 닥치자 성공 가도를 달리던 증권 브로커 비즈니스도 막을 내리고 말았다. 크게 실망한 마사는 이때 커다란 결심을 한다.

"앤디, 이제 대도시 생활을 못 견디겠어요. 알렉시스를 위해서라도 전원생활을 하고 싶어요."

남편도 흔쾌히 찬성했다. 그리고 1972년, 마사는 마침내 남편과 함께 코네티컷주 웨스트포트에 있는 농가를 헐값에 매입하고 그곳에 정착했다. 이때부터 마사는 어린 시절부터 익혀온 자신만의 살림 노하우를 개발하기로 했다.

먼저 지은 지 150년 된 농가를 현대식으로 레노베이션했다. 마사에 의해 다시 태어난 농가는 일약 코네티컷의 명소가 되었다. 애초 케이터링 사업을 위해 저택의 지하에 마련한 부엌에서 마사는 자신이 열정을 갖고 가장 잘할 수 있는 일을 시작했다. 바로 요리였다. 마사의 뛰어난 음식 솜씨와 환상적인 테이블 세팅 능력은 순식간에 사람들을 사로잡았다.

"이건 완벽한 예술입니다."

"자기 일을 사랑하지 않는다면 살림을 이처럼 창조적으로 변화시키지 못할 것입니다."

곧이어 유명 인사가 된 마사는 레시피와 테이블 세팅법 등을 모아 만든 첫 번째 요리책《마사의 엔터테이닝》을 출간하고, 이 책이 인기를 얻자 대형 할인 매장인 K마트의 컨설턴트 겸 대변인으로 발탁되었다.

1990년에는 타임워너의 출판 사업 부문과 제휴해《마사 스튜어트 리빙》을 발행하기 시작했다. 이런 마사에게 사업가로서의 날개를 달아준 것은 방송 출연이었다. 자기 이름을 내건 요리 방송에 정기적으로 출연하면서 전국의 가정주부들에게 알려지기 시작한 것이다.

마사는 자신의 이름을 내걸고 설립한 회사가 성공하기 전까지 '집안일밖에 모르는 금발의 여신'이라는 핀잔을 들었다. 또 다른 한편에서는 여성 사업가로서 성공하고자 하는 자신을 시기하는 목소리도 들렸다. 성공을 향한 집념이 그만큼 강하고 확고했기 때문이다. 이와 관련해 마사는 오프라 윈프리와의 인터뷰에서 의미 있는 언급을 한다.

"전 페미니스트냐는 질문을 받으면 아니라고 대답합니다. 남자와 여자가 동등하다고 믿기 때문입니다. 때론 싸움이 일어나기도 하죠. 하지만 그것은 기꺼이 수업료를 지급할 만한 일이지요. 난 아주 열심히 일했고, 그랬기 때문에 우아하게 성공했다고 자부합니다."

온갖 비난과 질시에도 마사는 굴하지 않았다. 사업 영역을 계속 확장해 출판, 텔레비전 프로그램, 소매 및 인터넷 마케팅까지 아우르는 기업 MSLO를 창설해, 마침내 뉴욕 증시에 상장시켰다. 억만장자 반열에 오른 마사 스튜어트는 미국의 경제 전문지 〈포춘〉이 선정하는 '가장 유력한 여성 50인'에 두 차례나 뽑혔고, 〈타임〉은 그녀를 '미국에서 가장 영향력 있는 25인'으로 선정하기도 했다.

마사는 자신의 성공 노하우를 이렇게 요약한다.

1. 열정을 갖고 삶에 임하라.

2. 작고 사소한 것에서도 아이디어를 찾아내라.

3. 매사에 호기심을 갖고 혁신하라.

4. 일상에서 영감을 발견하라.

위의 네 가지 성공 노하우를 집약해서 보여주는 일화가 있다.

어느 날, 페인트 가게를 찾아간 마사는 자신이 원하는 자연색을 찾기 힘들다는 걸 깨달았다. 마사는 자신이 원하는 색을 직접 만들어보기로 했다. 그 결과 마침내 희귀종 닭의 달걀, 영롱한 산호빛 조개, 나무껍질, 고양이 등에서 600여 종의 새로운 색상을 발견했다. 이것이 바로 사람들로부터 극찬을 받은 '마사 스튜어트 페인트'이다.

마사는 이렇게 말한다.

"열정을 발견하는 길은 끝임없는 실험뿐이다. 당신의 흥미를 끄는 다양한 일과 직업을 시도해보면 정말 가슴 뛰는 일을 발견하는 데 도움이 될 것이다."

이처럼 모든 사람이 집안 살림을 버겁고 힘든 일거리로 생각할 때, 마사 스튜어트는 생각의 전환을 시도했다.

"우리에게 살림살이는 예술이며 가족, 친구, 전통, 좋은 음식, 창의성이 어우러진 삶의 축제이다."

요컨대 집안 살림을 통해 자신의 가치를 구현하고, 자신의 장점을 돋보이게 하는 '셀프 브랜딩 self branding'에 성공한 것이다.

미국의 경영학자 피터 드러커는 이렇게 말했다.

"자신의 일을 사랑하라. 사랑하지 못하더라도 피하진 말라."

자기 일을 사랑하는 것은 멋진 일이다. 그건 자기 자신을 사랑하는 일이기도 하기 때문이다. 성공은 자기 자신을 사랑하는 사람을 피해가지 않는다. 나르시시즘에 빠지라는 얘기가 아니다. 자기 자신을 사랑한다는 것은 자신의 가치를 알고, 자기의 능력을 계발해 최선을 다하는 것을 뜻한다.

루이스 워터맨은 뉴욕의 빈민촌에 사는 보험 회사 말단 사원이었다. 당시는 경제 공황이 미국 전역을 휩쓸던 때라 루이스는 좀처럼 계약을 성사시키지 못했다. 한 달에 기껏 한두 건을 계약하는 것이 고작이었다.

그러던 어느 날 오랜만에 한 빌딩의 건물주와 큰 계약 한 건을 맺게 되었다. 그런데 너무 서두르다 그만 계약을 망쳐버렸다. 서명하려고 펜을 드는 순간 잉크 방울이 떨어져 계약서에 번졌기 때문이다. 황급히 서류를 다시 가져와 새로운 계약서를 쓰려 했지만, 때는 이미 늦었다. 계약서를 망친 걸 나쁜 징조로 받아들인 건물주가 다른 보험 회사와 계약을 해버린 것이다.

실망한 루이스는 두 번 다시 그런 실수를 범하고 싶지 않았다. 그래서 고심 끝에 지금과 같은 형태의 만년필 펜촉을 만드는 데 성공해 오늘날 만년필 명가 위터맨을 설립했다.

대부분의 발명은 흔히 이런 사소한 것에서 시작된다. 그런데도 사람들은 사소한 것을 그다지 중요하게 생각하지 않는다. 하지만 성공한 사람들치고 사소한 것을 등한시한 사람은 아무도 없다. 사소한 것에 성공의 씨앗이 숨어 있다고 믿기 때문이다. 사소한 것에 주의를 기울이고 집중하면 고정된 시각에서 벗어나 전환점을 찾을 수 있다.

작고 사소한 것에서도 아이디어를 찾아내라.

인생은 멀리서 보면 희극이지만
가까이서 보면 비극이다

세계를 울리고 웃긴 영화인 찰리 채플린

30년 동안 은행원으로 성실하게 살아온 베르두는 불황이 닥치자 하루아침에 실업자 신세로 전락하고 만다. 그는 자신을 몰락시킨 사회에 복수하기로 마음먹는다. 특히 아무 일도 하지 않고 호의호식하는 돈 많은 과부는 사회의 기생충이며 그들을 말살하는 것은 죄가 아니라고 생각한다.

상냥하고 매력적인 베르두는 돈 많은 과부를 유혹해 결혼한 뒤 죽임으로써 그 여자들의 재산을 빼앗기 시작한다. 우여곡절 끝에 경찰에 체포된 그는 마침내 법의 심판을 받는다. 이때 그는 사람들을 향해 이렇게 항변한다.

"전쟁이라는 형태의 공식적인 살인은 찬양하면서 왜 개

인의 살인은 처벌하는 것이냐? 한 명을 죽이면 악당이고, 수백만 명을 죽이면 영웅이란 말인가?"

이를테면 자본주의라는 사회 제도의 불공정함과 국가 간 전쟁이라는 이름으로 자행하는 대량 살인을 비판한 것이다. 하지만 법은 베르두에게 사형을 선고하고, 마침내 그는 형장의 이슬로 사라지고 만다.

위는 채플린이 만들고 주연한 〈살인광 시대〉의 대략적인 줄거리이다. 하지만 채플린의 이런 생각은 1946년 당시 미국인의 일반 정서와 맞지 않았고, 이로 인해 채플린은 큰 고초를 겪었다.

채플린은 〈살인광 시대〉가 미국 사회 전체를 비난하고 있으며, 일부 내용을 삭제하지 않을 경우 영화 상영을 금지시키겠다는 협박도 받았다. 하지만 무엇보다 심각한 것은 그를 공산주의자로 낙인찍은 것이었다. 당시 미국 사회에서는 정치계와 노동계는 물론 각 분야의 진보적 인사들을 공산주의자로 몰아 핍박하는 이른바 매카시 광풍이 불고 있었다. 하지만 채플린은 자신의 뜻을 굽히지 않았다.

"영화는 영화일 뿐입니다. 그리고 분명히 말하지만, 나는 국가가 항상 옳다고는 생각하지 않습니다. 국가의 잘못을 비판한 것이 문제라면 이 나라에서 감히 누가 무슨 말을 할 수 있겠습니까?"

"그렇다면 명확하게 밝혀주십시오. 당신은 공산주의자 입니까? 아니면 공산당을 지지합니까?"

채플린은 특유의 여유 있는 미소를 지으며 대답했다.

"네. 분명하게 말하지요. 나는 공산주의자가 아닙니다. 하지만 이것 또한 분명합니다. 즉, 내가 누구를 좋아하고 싫어하건 그건 내 자유라는 것입니다."

하지만 채플린에 대한 사람들의 의심은 가라앉지 않았다. 〈살인광 시대〉가 흥행에 참패한 것은 물론이다. 그로부터 몇 년 동안, 채플린은 영화 제작을 거의 할 수 없었다. 자신이 차린 영화사의 재정도 나빠진 데다 당시 사회 분위기가 그의 창조적 재능을 무참하리만큼 억눌렀기 때문이다.

그리고 1952년, 온갖 어려움 속에서 〈라임 라이트〉를 제작한 뒤 20년 만에 가족과 함께 고향인 영국으로 향하는 배 안에서 미국 정부로부터 추방되었다는 전보를 받기에 이른다. 연방수사국FBI이 채플린을 급진적 공산주의자로서 미국 안보에 큰 위협이 된다는 이유를 들어 추방하기로 한 것이다. 당시 FBI에서는 미국의 자본주의와 물질만능주의를 신랄하게 비판한 영화 〈모던 타임스〉(1936), 〈위대한 독재

자〉(1940)부터 〈살인광 시대〉에 이르기까지 채플린의 거의 모든 작품에 공산주의라는 딱지를 붙인 터였다.

"믿을 수가 없어! 미국 정부가 날 추방하다니!"

채플린은 전보 용지를 구기며 분노했다. 스물한 살 때 미국으로 건너가 영화를 만들며 보낸 40년 세월이 너무도 허망했다.

"이건 치욕이야! 이제 두 번 다시 미국으로 가지 않겠어."

채플린은 뱃전에 서서 부서지는 파도를 바라보며 다짐했다. 그리고 자신에게 그토록 열광했던 사람들이 하루아침에 돌아선 것에 실망했다. 그건 자신의 영화에 대한 배신이나 다름없었다.

"관객은 개개인으로 보면 아주 좋은 사람들이지만, 군중이 되어 한데 모이면 머리 없는 괴물이 되지. 그들은 어느 쪽으로든 돌아서서 사람을 공격할 수 있어."

이는 채플린의 〈라임 라이트〉에 나오는 주인공의 대사이기도 했다. 다행히 〈라임 라이트〉는 미국을 제외한 세계 각국에서 상영되어 커다란 수익을 올렸다. 이후 채플린은 영국을 거쳐 스위스에 정착했다. 그리고 주위의 만류에도 불구하고 단호하게 미국 시민권을 포기했다.

채플린은 1889년 4월 16일, 보드빌 배우이던 부모 사이에서 태어났다. 어린 시절의 채플린은 이루 말할 수 없을 만큼 불우했다. 어머니는 술주정뱅이인 아버지와 일찌감치 이혼했다. 이후 어린 찰리는 어머니와 아버지가 다른, 네 살 터울의 형 시드니와 함께 살았다. 끼니도 제대로 못 챙겨 빈민 구호소에서 지낸 때도 있었다. 게다가 어머니가 정신병에 걸려 병원에 입원하는 바람에 형 시드니와 함께 고아나 다름없는 생활을 하기도 했다.

그러나 어린 찰리에게는 험난한 세상을 극복할 수 있는 특별한 재주가 있었다. 아버지와 어머니로부터 물려받은 배우로서의 타고난 능력이 바로 그것이었다. 찰리가 다섯 살 때 일이다. 하루는 무대에 오른 어머니가 공연을 못 할 정도로 기침을 해 관객들로부터 비난을 받았다. 어머니는 며칠 전부터 후두염에 걸려 몹시 고생하고 있었다.

어머니가 무대를 내려오자 극장 주인은 노발대발했다.

"아니, 어쩌자고 그렇게 기침을 해대는 거야? 배우가 몸 관리를 잘해야지, 그게 뭔가? 그나저나 이것 큰일 났군. 대신 무대에 올려보낼 배우도 없는데."

그때 문득 옆에 있는 꼬마가 눈에 띄었다. 극장 주인은 찰리에게 재주가 꽤 많다는 것을 익히 알고 있었다.

"안 되겠다. 너라도 날 도와주렴. 관객들이 저 난리니, 네가 좀 나서줘야겠다."

그날, 난생처음 무대에 선 찰리는 능청스럽게 관객한테 웃음을 선사해 호평을 받았다. 찰리는 어려서부터 배우인 어머니의 영향을 많이 받았다. 어머니와 함께 배역 연습을 하며 노래와 연기에 흥미를 느끼기 시작했다.

'언젠가는 세상에서 가장 유명한 배우가 되겠어.'

이렇게 배우로서의 꿈을 키웠지만, 현실은 절대 녹록하지 않았다. 찢어질 듯한 가난에 정신병까지 얻은 어머니. 게다가 집세를 내지 못해 거리로 쫓겨나기까지 했다. 하지만 이런 고통도 어린 찰리의 꿈을 가로막지는 못했다.

'지금 내가 겪는 모든 고통을 연기라고 생각하는 거야. 이 연기가 끝나면 나는 엄청난 박수를 받고, 또 엄청난 돈을 벌 수 있을 거야. 그러면 엄마랑 형이랑 행복하게 살 수 있을 거야.'

찰리는 여덟 살 때부터 극단에 들어가 본격적으로 무대에 서기 시작했다. 그리고 여러 극단을 거쳐 열일곱 살 때는 유명한 카노 극단에 입단한 후 희극배우로서 명성을 쌓아갔다. 1913년의 두 번째 미국 순회공연 중에는 할리우드 키스톤 영화사의 맥 세네트 눈에 띄어 영화 출연 계약을 맺었다. 드디어 세계적인 대스타 반열에 오를 기회를 잡은 것이다. 이때 채플린은 자신만의 독특한 캐릭터를 고심 끝에 완성했다.

"헐렁한 바지에 커다란 구두, 그리고 지팡이에 중절모를 쓰는 거야. 지금까지 누구도 하지 못한 스타일이어야 해."

채플린은 극단적으로 대조를 이루는 과장된 복장에 콧수염을 붙였다. 사실 이 콧수염은 어린 나이를 감추기 위해 마지못해 한 분장이었다. 마침내 세상 사람들이 다 아는 찰리 채플린의 캐릭터를 창조한 것이다.

훗날 채플린은 자서전에서 자신의 이런 캐릭터를 다음과 같이 설명했다.

"이 인물은 정말 다재다능한 사람입니다. 뜨내기이면서 신사이자 시인이고, 몽상가인가 하면 외톨이이기도 하죠. 항상 로맨스와 모험을 꿈꿉니다. 그리고 남이 자신을 과학자, 음악가, 공작, 폴로 선수로 알아주길 바라지요. 그렇지만 겨우 한다는 짓은 담배꽁초를 주워 피우거나 아이들 코 묻은 사탕을 뺏어 먹는 겁니다. 그리고 가끔이긴 하지만 화가 머리끝까지 나면 부인의 궁둥이도 서슴지 않고 걷어찹니다."

이후 채플린은 1921년 첫 장편영화 〈키드〉를 시작으로 제작자이자 배우로서 수많은 작품을 만들었다. 특히 〈키드〉는 선풍적인 인기를 끌었을 뿐만 아니라 비평가들로부터 호평을 받았다. 이로써 채플린은 배우이자 감독으로서 세계적인 명장의 반열에 오르게 되었다. 연기에 대한 자신의 철학을 채플린은 평소 이렇게 말했다.

"나는 연기를 배워서 잘할 수 있다는 말을 믿지 않는다. 나는 오히려 똑똑한 사람이 연기를 못하고 아둔한 사람이 연기를 잘하는 것을 자주 봤다. 연기는 본질적으로 머리로 하는 것이 아니라 가슴으로 하는 것이다."

채플린은 추방된 지 20년 만인 1972년이 되어서야 미국 땅을 밟을 수 있었다. 아카데미 시상식에 참석해달라는 연락을 받은 것이다. 이때 특별상을 받은 그는 무려 12분간 기립 박수를 받았다. 그리고 3년 뒤인 1975년, 영국의 엘리자베스 여왕은 채플린에게 기사 작위를 수여했다. 당시 채플린의 나이 86세, 임종을 불과 18개월 앞둔 시점이었다.

"인생은 멀리서 보면 희극이지만 가까이서 보면 비극이다."

이런 자신의 말마따나 채플린은 고통과 좌절을 특유의 유머와 사회 풍자로 승화시킨 세계 최고의 배우였다. 그가 고통을 고통으로만, 좌절을 좌절로만 받아들였다면 우리는 이 걸출한 세계적 희극배우를 만날 수 없었을 것이다.

유머 테러리스트가 되어라

"행복하기 때문에 웃는 게 아니라 웃기 때문에 행복해진다."

유머는 즐거움과 행복을 안겨준다. 당신이 만약 누군가에게 즐거움과 행복을 주고자 한다면 가장 먼저 습득해야 할 것이 바로 유머 감각이다. 유머는 긴장감을 풀어주는 역할도 한다. "유머 감각이 부족한 사람치고 의식 구조가 썩 잘되어 있는 사람은 드물다"라는 말이 있을 정도로 유머 감각은 현대인에게 필수 항목이다. 유머를 잘 구사하는 사람과 그렇지 못한 사람이 성공할 확률은 네 배 가까이 차이가 난다는 연구 결과도 있다. 찰리 채플린은 말했다.

"유머는 우리가 인생을 살아가면서 균형 감각을 잃지 않도록 도와주며, 엄숙함이라는 것이 얼마나 부조리한 것인지 드러낸다."

유머와 웃음은 우리 건강에도 큰 도움이 된다. 우리 몸의 근육은 650여 개, 얼굴 근육은 80여 개 정도라고 한다. 그런데 우리가 웃을 때 몸의 근육 231개, 얼굴 근육 15개 이상이 움직인다. 10초 동안 웃는 것은 3분 동안 노를 젓는 것, 4분 동안 달리기를 하는 것과 같은 효과가 있다. 그만큼 유머와 웃음이 중요하다는 이야기이다.

유머 감각을 키우는 첫 번째 방법은 먼저 웃는 것이다. 내가 세상을 향해 웃어주면 세상도 나를 향해 웃어주고, 내가 세상을 향해 찡그리면 세상도 나를 향해 찡그리게 된다. 하루에 한 번씩이라도 거울을 보고 웃는 연습을 해보라.

언젠가는 세상에서 가장 유명한 배우가 되겠어.

Il faut vivre comme on pense,
sans quoi l'on finira par penser
comme on a vécu

_____

_____

_____

_____

_____

_____

_____

_____

_____

Il faut vivre comme on pense,
sans quoi l'on finira par penser
comme on a vécu

Il faut vivre comme on pense,
sans quoi l'on finira par penser
comme on a vécu

Il faut vivre comme on pense,
sans quoi l'on finira par penser
comme on a vécu

_____

_____

_____

_____

_____

_____

_____

_____

_____

_____

생각대로 살지 않으면
사는 대로 생각하게 된다

1판 1쇄 발행   2012년 7월 27일
1판 36쇄 발행   2016년 2월 20일
2판 1쇄 발행   2016년 7월 10일
2판 17쇄 발행   2021년 11월 10일
특별판 1쇄 발행 2022년 12월 24일

지은이 은지성
발행인 허윤형
펴낸곳 (주)황소미디어그룹
주소 서울시 마포구 양화로 26, 704호(합정동, KCC엠파이어리버)
전화 02 334 0173 **팩스** 02 334 0174
홈페이지 www.hwangsobooks.co.kr
이메일 hwangsobooks@naver.com
인스타그램 @hwangsobooks
등록 2009년 3월 20일(신고번호 제 313-2009-54호)
ISBN 979-11-90078-19-1 (13320)
ⓒ 2022 은지성

㈜황소미디어그룹은 여러분의 소중한 원고를 기다리고 있습니다. 좋은 아이디어나 원고가 있으시면 언제든 hwangsobooks@naver.com으로 보내주세요. 책을 통해 여러분의 소중한 생각을 많은 사람과 나눌 수 있도록 최선을 다하겠습니다.